LET'S GUIDE

KLEINES HANDBUCH ZUR REISELEITUNG

DIRK BRUECKNER

iU

INHALT

Haftungsausschluss

Trotz allergrößter Sorgfalt bei der Bearbeitung und Herstellung dieses Buches können Fehler nicht ausgeschlossen werden. Daher sind alle Angaben ohne Gewähr. Reiseveranstalter, dessen Reiseleiter, Mitarbeiter und Partner werden von der Sorgfaltspflicht gegenüber dem Gast in den Reisegruppen durch dieses Buch nicht entbunden. Privatpersonen handeln auf ihren Reisen ebenfalls eigenverantwortlich.

Autor: Dirk Brueckner
Verlag:
THE INNER UNIVERSE LTD
73 High Street
Glastonbury
BA6 9DS
Großbritannien
Lektorat: Tanja Roos
Graphische Gestaltung: Sonja Langewald, Dirk Brueckner
ISBN: 978-1-7399292-4-4
www.lets-guide.com

„Es ist sinnlos, zu sagen: Wir tun unser Bestes.
Es muss dir gelingen, das zu tun,
was erforderlich ist.“
(Winston Churchill)

EIN HERZLICHES DANKESCHÖN!

An dieser Stelle möchte ich den lieben Menschen Dank sagen, ohne die dieses Buch nicht entstanden wäre. Danke für deine Unterstützung und Ermutigung, dieses Buch zu veröffentlichen und es nun weiter zu führen: Dr. Tanja Roos und Tim Pagalies, Regine Breiden, Sonja Langewald. Eure Arbeit war unerlässlich.

Mein Dank gilt auch Frau Kathrin Böhler, die ihre Erfahrung und ihr Wissen zur Ersten Hilfe im Outdoor-Bereich bereitwillig zur Verfügung gestellt hat. Bei Ulrich Klose von WIGWAM Tours bedanke ich mich dafür, dass er zum Thema Umgang mit Kraftfahrzeugen seine jahrelange Erfahrung offen gelegt hat.

Arbeiten Reiseleiter überhaupt?

Eine Reiseleitung hat gleichzeitig die Gäste, den Programmablauf und organisatorische Nebenbeiaufgaben im Blick. Hinzu kommen Informationen zu Land & Leuten, Geschichtszahlen kennen und viele (oft gleiche) Fragen beantworten. Außerdem haben viele Reiseleiter ihre Touren schon unzählige Male durchlaufen. Oder sie sind genauso „neu" und erstaunt in vielen Situationen wie ihre Gäste, wenn sie erstmalig eine Reise leiten. Nur, sie dürfen es sich möglichst nicht anmerken lassen. Reiseleitung zu sein bedeutet meist selbständig als Saisonkraft zu arbeiten. Ist die Saison vorüber, muss eine Alternative her.

Ein Tipp für alle Reisegäste: Die meisten Reiseleiter möchten nicht so gern zu ihrem Privatleben interviewt werden. Vor allem nicht mit dem Einstieg „Und, was machst du sonst so?"

Fazit: JA, Reiseleiter arbeiten! Es ist eine anspruchsvolle Arbeit – psychisch, intellektuell und manchmal auch physisch.

PS: Im weiteren Verlauf des Buches ist, wegen der besseren Lesbarkeit, nur die männliche Form der Begriffe zu finden. Gemeint sind aber ganz gewiss immer erst Leserinnen, Reiseleiterinnen oder Kolleginnen und dann erst die männlichen Geschöpfe dieser Welt.

VORWORT

Liebe Reiseleiterin, lieber Reiseleiter!

„Und, was machst du sonst so, im richtigen Leben?“ Diese Frage haben sicher schon viele Reiseleiterinnen* und Reiseleiter gehört – immer und immer wieder. Was steckt dahinter? Nicht selten ist es die Vorstellung, dass Reiseleiter eigentlich gar nicht arbeiten. Sie machen vielmehr Urlaub und bekommen diesen auch noch bezahlt. Wer sich einer Reisegruppe angeschlossen hat und nun auf die „schönste Zeit des Jahres“ hofft, der kann sich manchmal nicht recht vorstellen, dass die Arbeit eines Reiseleiters nichts mit Urlaub zu tun hat.

Dieses Buch habe ich für alle Menschen verfasst, die Reisegruppen begleiten, sei es für kurze Zeit (z.B. während einer Stadtführung) oder für längere Zeit (z.B. während einer Gruppen-Wanderreise). Die Tipps und Hinweise helfen bei der Planung und Durchführung von Gruppenreisen. Das beschert allen Gästen einen gut gelaunten, entspannten Reiseleiter und dir viele schöne Momente auf deinen Reisen in wundervolle Regionen dieser Welt.

Mir ist bewusst, dass du mit deiner Arbeit einen großen Anteil hast an der Zufriedenheit der Reisegäste, die sich dir anschließen. Die hohe

Motivation, mit der viele Reiseleiter ihre Arbeit antreten, ist bewundernswert. Mit diesem Buch möchte ich daher nicht zuletzt meine Wertschätzung für Dich und deine Kolleginnen* und Kollegen zum Ausdruck bringen.

Nun wünsche ich dir viel Spaß beim Lesen und viel Freude auf deinen Reisen.

Dirk Brueckner

(Köln, im April 2015)

VORWORT ZUR 3. AUFLAGE

Liebe Leserin, lieber Leser,

Dieses Buch startet in eine neue Runde. Nach drei Jahren der Unsicherheit hat Let's guide nun ein neues zuhause gefunden. Sprich, ein neuer Verlag ist die Grundlage für dieses Taschenbuch und für eine ebook-Version davon.

Die Idee von Let's guide blickt auf einen Weg voller Abenteuer, Erfahrungen, Höhen und Tiefen zurück. Viele Versionen gab es zu Beginn, individualisiert für einzelne Reiseunternehmen. Als wir Let's guide dann das erste Mal in die Buchläden brachten, waren wir froh und Stall auf diese Entwicklung.

So geht es mir auch jetzt, als ich das Buch inhaltlich für diese Version überarbeitete. Mir fiel erneut auf, wieviel Wissen und Erfahrung darin zu finden sind. Viele Menschen haben dazu beigetragen. Ich wünsche mir für die Zukunft von Let's guide, dass es noch viel mehr Menschen erreicht. Meine Intension war und ist es, die touristische Qualität verbessern zu helfen. Das Miteinander von Gästen, Reiseorganisatoren und Leistungsträgern wird maßgeblich beeinflusst von den Reiseleiterinnen und Reiseleitern vor Ort. Deren Kommunikation entscheidet über Zufriedenheit und Freude oder Unzufriedenheit und Ärger innerhalb und zwischen den genannten Gruppen. Hier entscheidet sich, ob aus und mit den ganzen Vorbereitungen einer Reise ein schönes Erlebnis wird oder nicht.

An dieser Stelle soll das Buch eine Hilfe sein, Erfahrungen weitergeben. Vielleicht regt es dazu an, gegebene Strukturen sowie immergleiches Denken und Handeln zu überprüfen? Geht es auch anders? Dieses "anders" ist nicht unbedingt ein besser. Es ist eine Einladung selbst zu schauen was die touristische Arbeit verbessert, erleichtert und mit Freude durchführen lässt.

Ich wünsche dir viel Freude beim Lesen dieses Buches. Und ich freue mich von Herzen, wenn es dir an der ein oder anderen Stelle hilft, deinem Tun noch mehr Leichtigkeit und Freude beizumischen.

Herzliche Grüße

(Vadstena, Schweden, am 09. Oktober 2021)

THEMA 1: REISELEITUNG UND TOURISMUS

Wenn die Begriffe nicht richtig sind, so stimmen auch die Worte nicht, und stimmen die Worte nicht,
so kommen auch die Werke nicht zustande.
(Konfuzius)

INFO 1: ES WAR EINMAL EIN REISELEITER

Schon Asterix und Obelix haben auf einer ihrer Reisen in Ägypten einen Ortsführer in Anspruch genommen. Dieser hatte sich angeboten, die Reisenden durch die ägyptischen Pyramiden zu führen. Leider ein Fehler, denn der Ortsführer entpuppte sich als „falscher Fuffziger". So oder so ähnlich soll es zugegangen sein, in den antiken Hochkulturen. In der Tat spricht einiges dafür, dass damaligen Reisenden bereits solche Dienste von „Erklärern" angeboten wurden. Und sicher waren nicht alle unseriös.

Ein Streifzug durch die spärlich vorhandene Fachliteratur zum Thema Reiseleitung zeigt, dass bis heute eine Reihe von Bezeichnungen für die hier zugrunde liegende Tätigkeit existiert. Neben dem Ortsführer und Erklärer spricht man schon seit langer Zeit vom Fremdenführer. Aber auch Gästeführer, Bergführer, Wanderführer, Stadt- führer, Animateure oder Skilehrer machen im Grunde genommen immer das Gleiche: Sie leiten Gruppen von Touristen. Will der Reiseleiter von heute „hipp" sein, dann spricht er von sich selbst als dem Guide (das haben wir mal für den Titel dieses Buches übernommen). In Fachkreisen unterscheidet man noch den Standortreiseleiter vom Rundreiseleiter und den Reiseleiter vom Animateur. Ob dir das bei deiner Arbeit weiterhilft, wage ich zu bezweifeln, daher soll eine Diskussion der Begrifflichkeiten hier ausfallen.

Es kann in der heutigen Zeit nur vermutet werden, dass Fremdenführer bereits in der Antike, später im Mittelalter und in der Neuzeit gleichbedeutend des heutigen Reiseleiters existierten. Diese Annahme liegt nahe, denn wo Fremde in großer Zahl auf- schlagen, gibt es sich wiederholende Fragen zur Ortskenntnis, zu Unterkünften und zur Weiterreise. Warum soll es nicht schon in früheren Zeiten pfiffige Menschen gegeben haben, die sich dieser fragenden Gesichter angenommen und dabei ein kleines Trinkgeld verdient haben?

Sicher ist, dass der sich nach dem Zweiten Weltkrieg rasant entwickelnde Tourismus das Reisen zum Massenphänomen anwachsen ließ. Ergebnis: Viele fragende Gesichter an vielen Orten dieser Welt führten zu vielen Menschen, die für Geld die Fragen gern beantworten und noch ein wenig mehr erzählen und zeigen wollen. Wusstest du, dass die Deutschen Reiseweltmeister sind und dass die Reiseindustrie in kaum einem anderen Land so ausgeprägt ist? Kannst du dir vorstellen, dass es kaum ein Fleckchen Erde gibt, auf dem nicht schon ein mehr oder weniger verrückter Individual- oder Pauschaltourist, Abenteurer oder Reisepionier deutscher Herkunft gestanden hat? Und wer kümmert sich um viele dieser Reisenden dort draußen in der Ferne? DU, der Reiseleiter bzw. die Reiseleiterin. Aber jetzt kommt es: In welchem Land ist die Tätigkeit der Reiseleitung nicht als Berufsgruppe definiert, benötigt man keine Ausbildung, keine Genehmigung, keinen „Führerschein"? In Deutschland. Auch das ist wichtig, einmal ins Bewusstsein zu bringen. Denn die Wertigkeit einer Tätigkeit macht sich nicht zuletzt auch an deren Eintrittsbarrieren fest.

Da nun quasi jeder „Reiseleiter" sein kann, gibt es auch eine Schar schwarzer Schafe. Dass du dieses Buch in der Hand hältst und bis zu dieser Textstelle vorgestoßen bist, zeigt, dass du es scheinbar ernst meinst, mit dieser Aufgabe. Schön das freut nicht zuletzt die Gäste, die dank deiner Kompetenz wieder heil nach Hause finden. Also: weiterlesen.

INFO 2: WAS IST TOURISMUS?

Tourismus ist einer dieser Begriffe, den jeder schon einmal gehört hat, von dem jeder glaubt, ihn zu kennen und den keiner richtig erklären kann. Das ist auch ok so, denn Tourismus lässt sich nicht einfach auf ein, zwei Definitionssätze reduzieren, auch wenn das in der Fachwelt immer wieder versucht wird. Vor allem in der Tourismuswirtschaft gibt man sich damit zufrieden, Tourismus als zeitbegrenzten Ortswechsel zu erklären und damit alles Reisen mit Tourismus gleichzusetzen. Oft wird die Welttourismusorganisation bemüht, wenn es darum geht, eine Definition für unser Arbeitsfeld zu finden. Schaut einfach mal im Internet nach, wenn euch das genauer interessiert.

Es gibt aber auch eine andere Betrachtungsweise, die über diese Sicht hinausgeht und den Menschen als handelndes und soziales Wesen in den Mittelpunkt stellt. Eine solche gesellschaftsorientierte Sicht auf die Dinge soll dir in diesem Buch nicht vorenthalten werden, denn sie zeigt, dass Tourismus mehr ist als Menschen, die von A nach B reisen und irgendwann wieder zurückkommen. Das folgende Bild zeigt die Voraussetzungen und Bedingungen auf, unter denen wir Menschen des 21. Jahrhunderts unterwegs sind. Wie so oft bei etwas komplexeren Zusammenhängen, bemüht man erst einmal die Vergangenheit, um dann die Gegenwart besser einordnen zu können.

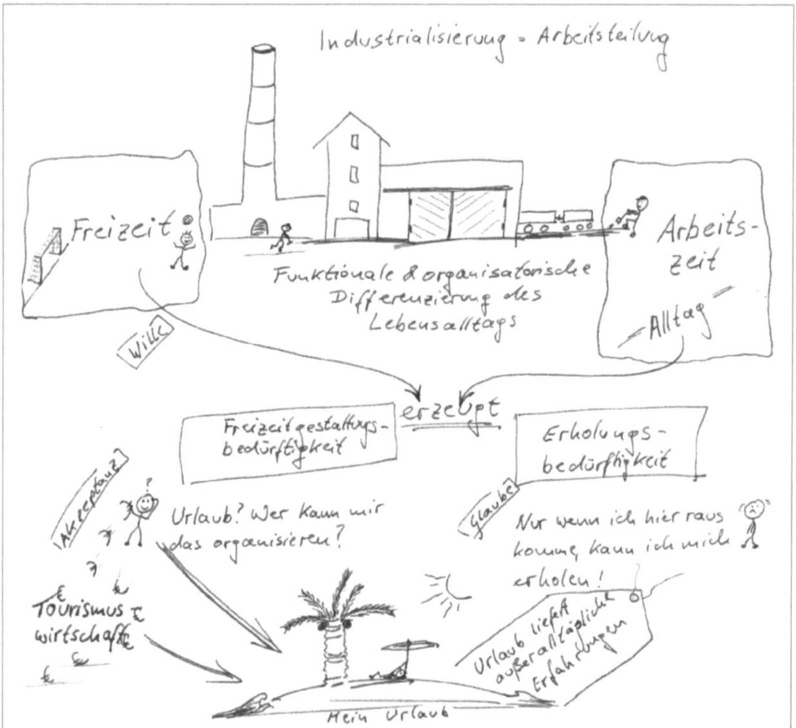

Mit der Entwicklung der Industrialisierung entstanden für die Menschen zwei voneinander getrennte Lebensbereiche. Das Bewusstsein von Freizeit und Arbeitszeit (Alltag) entstand. Der anstrengende und fremd bestimmte Alltag erzeugte ein Bedürfnis nach Erholung. Frei verfügbare Zeit hingegen verlangte nach Gestaltung. Diese Gestaltung und damit das Versprechen nach Erholung bietet die Tourismuswirtschaft gegen Geld an. Die Menschen glauben an Erholung durch Ortswechsel und lassen sich auf Urlaub in der Ferne ein. Sie akzeptieren weiter eine gewisse Fremdbestimmung durch die vorgegebene Urlaubsplanung. So ist die Urlaubsreise einerseits bestimmt durch Struktur, Organisation und Kapitalisierung (auf der Anbieterseite) und von Glaube, Wille und Akzeptanz (auf der Nachfrageseite).

Eine zentrale Voraussetzung für die Entwicklung des Tourismus brachte die Industrialisierung mit sich. Den Menschen, die das Landleben für die Stadt aufgegeben hatten, wurde nach und nach der

Unterschied zwischen Alltag und Freizeit bewusst. Funktional (hier arbeiten, dort ausruhen) und organisatorisch (hier die Fabrik, dort die Wohnung und dazwischen der Arbeitsweg) entstanden zwei Welten, in denen sich die Menschen bewegten. Durch Arbeitsteilung und Spezialisierung wurde der Alltag zunehmend reguliert, monoton und anstrengend, was das Bedürfnis nach Erholung ansteigen ließ. Erholung, die als Gegenspieler der sonst vorherrschenden Tätigkeiten verstanden wird: Körperliche Arbeit verlangt nach Faulenzen, der Bürojob nach Aktivität.

Mit steigender Freizeit entwickelte sich das Bedürfnis, diese auch zu gestalten. Zuerst ging man in die Kneipe, dann zum Jahrmarkt und schließlich besuchte man für ein paar Tage die Verwandtschaft. Das Stadtleben verlangte weit weniger nach den häuslichen Pflichten, als das Leben auf dem Lande. Daraus und aus der Tatsache, dass sich die Arbeitszeiten in der Firma (oft durch Arbeitskämpfe) reduzierten, entstand dieses Mehr an Freizeit.

Um letztendlich bei der Urlaubsreise und damit beim Tourismus anzukommen, fehlen aber noch ein paar Entwicklungen. Eine wichtige Voraussetzung ist der Glaube der Menschen, dass Erholung besser durch einen Ortswechsel erlangt werden kann. Wegfahren bedeutet aber, dies zu organisieren, sich in der Fremde auszukennen und zu wissen, wie man dorthin kommt. Dafür haben sich im Laufe der Zeit pfiffige Unternehmer gefunden, welche die Reiseorganisation gern übernehmen, für ein kleines Entgelt versteht sich. Die Akzeptanz, meine freie Zeit von jemand anderem (Fremdorganisation) für Geld (Kapitalisierung) organisieren zu lassen, ist ein weiterer Baustein für das Konstrukt Tourismus. Nun fehlt nur noch eine Sache, die touristische Struktur. Diese hat sich mit der steigenden Nachfrage aber schnell entwickelt und ausdifferenziert. Seien es Auto, Flugzeug, Bus und Bahn mit denen der Urlauber sein Ziel erreicht; Zelt, Pension oder Hotel, in denen er übernachtet und die vielen touristischen Attraktionen, die bestaunt werden: Tourismus ist heute überall strukturiert.

Zusammenfassend kann man sagen: Mit dem Bedürfnis nach Erholung, dem Glauben, dass dies in der Fremde besser funktioniert, der Akzeptanz, die Organisation anderen zu überlassen und dafür Geld zu zahlen (mehr als es wirklich kostet!), führt dazu, dass ein Reiseveranstalter eine Urlaubsreise planen und verkaufen kann und dass du als Reiseleiter in diesem Rahmen einen Job gefunden hast.

Bleibt noch zu erwähnen, dass Tourismus nicht mit dem Ende der Urlaubsreise vorbei ist, weder für den Urlauber noch für den Touristiker. Der Urlauber zeigt im Alltag stolz seine Fotos und träumt schon von der nächsten Reise, die noch besser sein soll. Der Touristiker versucht nun, diesen Traum zu deuten und sein Angebot dahingehend auszurichten, was leider nicht immer gelingt. Vor allem mit der ewigen Suche nach der alltagsfremden Erholung in der Ferne und dem Bedürfnis darüber berichten zu wollen, ist der Tourismus im Alltag der Menschen angekommen und bestimmt jeden Einzelnen und damit die gesamte Gesellschaft. Irgendwie irre, oder?

Auch diese Erklärung ist stark verkürzt wiedergegeben. Aber es besteht die Hoffnung, dass sie etwas weiter reicht, als der „Warum-auch-immer-Ortswechsel" auf begrenzte Zeit. Nun stell dir mal vor, der Mensch, den wir Touristiker so lapidar Kunde nennen, glaubt nicht mehr an diesen Ortswechsel zur besseren Erholung oder er möchte nicht mehr fremd organisierte Reisen kaufen, gäbe es dann die Tourismuswirtschaft noch in diesem Maße? Eher nicht. Und umgekehrt? Wenn keiner mehr Reisen planen und verkaufen möchte und die touristische Infrastruktur (Hotels, Touristeninformation, Reiseleiter) schrumpft, würden die Menschen trotzdem verreisen? Sicher, sie haben es ja auch getan, als das alles noch nicht existierte.

Ein letzter Gedanke noch zum Thema Tourismus. Oft werden Pilgerreisen und die Reisen der Kaufleute im Mittelalter genauso wie die Reisen in der Antike bereits als frühe touristische Aktivitäten betrachtet. Hier sollte man vorsichtig mit Vergleichen umgehen. Das Reisen und der Tourismus in unserer heutigen Zeit sind maßgeblich geprägt vom Reisen als Selbstzweck. Die Menschen reisen also um des Reisens willen. Das lässt sich aber für frühere Reisetätigkeiten so nicht feststellen. Also Vorsicht mit den Römern und ihren „Urlaubsreisen“ ins ferne Gallien.

INFO 3: NACHHALTIGES REISEN

Ein paar grundsätzliche Gedanken: Ich möchte ganz offen sein, umweltverträglichen Tourismus, das gibt es nicht! Tourismus bedeutet, mit dem Reisen Geld zu verdienen. Reisen, so wie wir es tun, belastet aber nun einmal die Umwelt. Wir Touristiker müssten uns selbst abschaffen, unsere „Reiseindustrie“. Das ist aber auch nicht die Lösung. Mir ist es an dieser Stelle jedoch wichtig, dass du dir bewusst bleibst: Reisen belastet die Umwelt.

Im folgenden Abschnitt soll es nun nicht darum gehen, den Tourismus abzuschaffen. Ich möchte dir vielmehr ein paar Punkte an die Hand geben, die Dich und deine Reisegäste zu einem umweltschonenden Miteinander inspirieren. Da gibt es viele Dinge, die man so oder so machen kann. Zum Beispiel:

→ muss man nicht mit dem Flieger kurze Distanzen von wenigen hundert Kilometern zurücklegen

→ kann man selbst bei einer Rundreise mehrere Nächte in einer Unterkunft verbringen

→ ist es nicht notwendig, ausgestopfte Tiere als Andenken mit nach Hause zu nehmen

. . .

Also versuchen wir uns dem Thema Nachhaltigkeit auf Reisen unter dem Motto der Überschrift zu nähern: „Jeden Tag ein kleiner Beitrag." Das bedeutet vor allen eher das Tun als das Reden in den Fokus zu stellen. Es bedeutet aber auch, jeden Menschen so sein zu lassen, wie er oder sie ist. Wer seinen Städtekurztrip per Flieger liebt, gern in der Wüste Golf spielt und den Luxus eines 5-Sterne-Hotels genießt, ok! Vielleicht spendet diese Person dafür €500.000 in ein Umweltprojekt. Eine Summe die viele „überzeugte Umweltaktivisten" vielleicht nie aufbringen könnten. Vielleicht sagst du nun, von Umweltsünden kann man sich nicht freikaufen. Da würde ich dir zustimmen. Aber wenn sie auf der einen Seite bereits in der Waagschale liegen (die Umweltsünden), dann ist es eine „Zwischenlösung" auch etwas in die andere Waagschale zu legen.

In der heutigen Zeit hat sich Nachhaltiges Denken und Handeln dahingehend geändert, dass es weniger „entweder-oder" sondern immer mehr „sowohl-als-auch" gibt. Viele Menschen sind noch nicht bereit, auf allzu viele Annehmlichkeiten zugunsten der Umwelt zu verzichten. Das findet man am besten bei sich selbst heraus. Ökostrom, Bio-regionale Lebensmittel der Saison und das Konto bei einer Sozial verträglichen Bank? Kein Auto, keine Flüge und ausschließlich ökologisch verträgliche Kleidung tragen? Kannst du all diese Fragen mit „Ja, mach´ich so" beantworten?

Allzu fordernde Überzeugungen oder Anklagen tragen meist nicht die Kraft der Veränderung in sich. Vielmehr vermitteln sie Ablehnung, die dann beim Gegenüber auch auf Ablehnung stößt. Da ist es ganz gleich wie ehrenwert, gerecht und „weltrettend" die Themen sind. Erkenne ich auch mein Gegenüber mit seinen Bedürfnissen an, als einen Teil des großen Ganzen, dann ermuntere ich viel eher zur Veränderung, ohne zu fordern.

Nun *zur Nachhaltigkeit auf Reisen:* Die meisten Menschen, die sich in der heutigen Zeit mit Nachhaltigkeit auseinandersetzen, unterscheiden soziale Nachhaltigkeit, ökonomische Nachhaltigkeit und den Umweltschutz. Für das nachhaltige Reisen bedeutet das demnach fair und verantwortungsvoll mit den Menschen umzugehen, die man besucht. Es gilt die Umwelt zu achten und zu schonen. Partnern, mit denen Geschäfte geführt werden, sollte man fair und verantwortungsvoll gegenüber treten. Konkret gesprochen bedeutet Nachhaltigkeit auf Reisen,

→ die motorisierte Fortbewegung auf Reisen zu reduzieren, indem die Reisenden eher zu Fuß, mit dem Rad oder Kanu unterwegs sind

→ die Einheimischen am touristischen Geschäft zu beteiligen, also lokale Ressourcen zu nutzen (z.B. familiengeführte Hotels, zusätzlich local Guide für eine Stadtführung)

→ die Einbeziehung örtlicher Infrastruktur (z.B. Nutzung öffentlicher Transportmittel statt einen eigenen Reisebus zu chartern)

→ in kleinen Gruppen unterwegs zu sein, um der Gästeüberpräsenz entgegen zu wirken (Viele Reiseveranstalter im Aktivbereich führen ihre Reisen in kleinen Gruppen von maximal 15 Personen durch.)

→ dass Reiseleiter alles tun, damit sich die Gäste respektvoll in die besuchten Orte einfinden

→ den Kunden authentische und nachhaltige Erlebnisse zu verschaffen, um ihnen die Angst vor Fremdartigkeit zu nehmen und Verständnis für das bereiste Land zu erzeugen

→ Kooperationen mit Partnern vor Ort persönlich, vertrauensvoll und dauerhaft auszurichten

Nachhaltigkeit im Umgang mit allen Dingen machst du dir vielleicht zur selbst auferlegten Verpflichtung? du wirst nicht jeden Gast zum nachhaltigen Denken und Handeln bringen. du musst auch keine Missionierung vornehmen, aber du selbst kannst ein Vorbild durch dein Handeln sein. Dabei ist die Normalität im Umgang mit Themen der Nachhaltigkeit wichtiger als die Themen selbst. Diskussionen, die kri- tisch Themen wie „Bio“ oder fleischfreie Kost beleuchten, sind nicht immer zielführend. Du musst Dich da nicht intensiv beteiligen. Mach Dich im Vorfeld schlau darüber, was Nachhaltigkeit grundlegend bedeutet und wirf das in die Runde, wenn du es für passend hältst. Damit bist du schnell aus einseitigen Diskussionen raus. Ergo: Vermitteln und vorleben, das sind deine Aufgaben, nicht missionieren. Vielmehr schaffst du es, durch Bewusstheit im Erleben, durch das Vermitteln von Schönheit in der Natur, von Vollkommenheit, nachhaltiges Denken und Handeln bei deinen Gästen zu aktivieren.

Das bewusste Erleben mit allen Sinnen – Wie kannst du das auf deinen Reisen unterstützen? Gefühle und Emotionen sind hier im Spiel, denn die Gäste müssen sich auf die Dinge einlassen. Das fordert Fingerspitzengefühl, also ein behutsames Vorgehen. Eine Barfußwanderung ist vielleicht ein guter Einstieg. Eine Stunde schweigend wandern wäre eine erste Steigerung. Morgendliches stilles Sitzen am Strand kann ein berauschendes Erlebnis sein oder die Menschen überfordern. Hier gilt es zu überlegen, wie man solche Aktivitäten in die Reise einbindet und kommuniziert. Sprichst du von Meditation, dann verschreckst du womöglich einige Gäste oder schürst falsche Erwartungen.

Unkritisch ist es hingegen, deine Gäste zu animieren, Grüntöne zu zählen, Vogelstimmen zu hören oder Düfte zu erraten. Auch dies kann einen meditativen Charakter in sich tragen, d.h. die Gäste konzentrieren sich auf das Hier und Jetzt. Sich durch eine feste Umarmung eines Baumes mit dessen Energie zu verbinden, ist dagegen sicherlich wiederum eine Herausforderung für einige Gäste. Die Einladung zum beiläufigen Anlehnen an einen Baum und ein Hineinspüren in sich selbst kann helfen, Vorurteilen entgegenzuwirken. „Werde eins mit dem Baum.“ Solch eine Aussage führt möglicherweise zu Ablehnung bei den Gästen, denn du forderst sie zu etwas heraus. Mach lieber ein Angebot, z.B. mit der Frage:

„Kannst du Dich für den Gedanken öffnen, dass deine Energie und die des Baumes sich berühren?“

Wichtig ist, die Menschen zum sinnlichen Erleben einzuladen und nicht den selbst ernannten Erleuchteten zu spielen. Da muss man sich manchmal kritisch selbst betrachten, damit man den richtigen Ton trifft. Verstehst du, was ich meine?

Respekt *vor Mensch, Tier und Umwelt* entwickeln viele Reisende dann automatisch, wenn sie bewusst wahrnehmen, sich bewusst und achtsam bewegen. Deine Aufgabe ist es, diesen Respekt selbst vorzuleben und die Gäste immer wieder hierzu einzuladen. Da sind keine Anweisungen gefragt, sondern Kommunikation und Information.

Ein anderer Punkt ist der, Respekt vor den Menschen und ihrer Kultur zu zeigen. Dies bedeutet zum Beispiel die Ortsnamen in der richtigen Weise aussprechen zu können. Auch „Guten Tag“, „Danke“ und „Bitte“ kann man in der Gruppe gemeinsam lernen, beim abendlichen „Sprachunterricht“. Hierfür muss niemand die Landessprache sprechen können. Viele Ortsnamen haben eine Bedeutung. Erkläre den Gästen Ortsnamen wie z.B. das isländische „Jökulsarlón“ (Lagune vom Gletscherfluss). Auch in Deutschland spielt die Sprache auf Reisen eine Rolle. Hier sind es die Dialekte, die du zum Thema machen kannst.

Respekt vor Tier und Umwelt ist selbstredend. Nur weil ein Käfer sehr klein ist, muss man diesen nicht tottreten. Das kannst du den Gästen auch sagen, wenn du dies beobachtest. Bananenschalen gehören nicht in die Landschaft der meisten Länder, denn dort vergehen sie erst nach vielen Jahren. Aber auch 10 Apfelreste und sieben Brotrinden sehen nicht schön aus, wenn eine Gruppe die Raststelle verlassen hat. Da kann es nicht als Argument gelten, dass die Reste ja in der Natur recycelt werden. Wenn ihr z.B. einen Picknickplatz verlasst und du siehst dort noch einige Reste an Papier, Orangenschalen und Ähnliches herumliegen, dann nimm dir eine Tüte und räume einfach auf. Das musst du nicht kommentieren. du wirst sehen, wie schnell dir einige Gäste dabei helfen. Bedanke Dich vor der Gruppe dann bei den Helfern, damit die anderen Gäste zur Nachahmung angeregt werden. Auch damit schaffst du Bewusstheit.

Die nachfolgenden sieben Punkte geben dir zusätzlich eine Orientierung, wenn es darum geht, auf Nachhaltigkeit und hierbei speziell auf Ressourcenschutz während der Reisen zu achten. Ressourcenschutz, da geht es vor allem um Wasser, Müll, Lebensmittel, Verpackungen, Tiere, Pflanzen, Geräte/Maschinen (z.B. Auto) oder Verbrauche (z.B. Benzin, Öl, Kühlflüssigkeiten). Darüber hinaus werden drei Bereiche unterschieden: die Reduktion von Konsum, der Schutz und die Verbreitung von Biodiversität (also Vielfalt) sowie die Integration der lokalen Wirtschaft und Tradition. Einzelne Punkte, wie der Souvenirverkauf, kannst du vor der Gruppe offen ansprechen und auf diese Weise Aufklärung betreiben. Hingegen liegen die Aspekte aus dem Punkt „Flora und Fauna begegnen“ eher in deiner Verantwortung, wenn es um Tagesplanung und Gruppenführung geht.

Umgang mit Rohstoffen: Wasser ist ein knappes Gut, in vielen Ländern auf der Welt. Gerade auf Reisen in Länder, die mit Wasserproblemen zu tun haben, ist es wichtig, auf einen sparsamen Umgang damit zu achten. Dabei geht es um Trinkwasser und Brauchwasser. Beim **Trinkwasser** solltest du auf die Verpackung achten, die idealerweise zu einem Mehrwegsystem zugehört. Weiter wird es immer wichtiger darauf zu achten, wo du das Wasser kaufst, also welche Unternehmen du damit unterstützt. Das Bestreben einiger Großkonzerne, Wasser unter ihre wirtschaftliche Kontrolle zu bringen, ist klar zu erkennen. Aber auch mit **Brauchwasser** für Duschen und WC, zur Reinigung von Textilien, oder zum Reinigen von Fahrzeugen solltest du einen sparsamen Umgang finden. Große Wasserverschwender sind vor allem in trockenen Gebieten Golfplätze, Gärten mit untypischer Vegetation (Palmen in der Wüste) und defekte Wasserleitungen. Aber auch das Spülen von Geschirr unter fließendem Wasser benötigt das Vielfache an Wasser als jede Spülmaschine.

Energieverbrauch: Ähnlich verhält es sich mit dem Energieverbrauch. Müssen Licht, Klimaanlage, Heizung oder andere technische Geräte beim Verlassen des Zimmers unbedingt eingeschaltet bleiben? Handtücher und Bettwäsche müssen auch in der Regel nicht jeden Tag gewechselt werden. Gerade kleine Überlegungen im täglichen Umgang mit Ressourcen können entscheidend sein. Bitte weise deine Gäste darauf hin.

Müllentsorgung: Das Müllentsorgungssystem entspricht in vielen Ländern nicht europäischenm Standards. Es gibt oft keine Recyclingmöglichkeiten. Weise deine Gruppe darauf hin, wieder verwendbare Trinkflaschen zu kaufen. Neben der Vermeiung von Müll ist es natürlich auch wichtig, den Müll in die dafür vorgesehenen Mülleimer zu werfen – Zigarettenkippen gehören nicht in den Sand am Strand, Getränkedosen oder Plastikmüll haben im Meer nichts zu suchen. Bitte achte darauf, dass Ihr nach Picknicks keinen Müll zurück lasst.

Flora und Fauna begegnen: Die außergewöhnliche Flora und Fauna eines Landes sind meist Hauptanziehungspunkt der dort hin führenden Reisen. Flora und Fauna werden geschont, wenn du mit der Gruppe auf ausgeschilderten und markierten Wegen bleibst. Gerade in Brutplatzgebieten ist es wichtig, Lärm zu vermeiden. Alles was sich in der Luft bewegt, verursacht am Boden bewegte Schatten, was die Tiere genauso aufschreckt und zur Flucht animiert, wie der Lärm von Fahrzeugen oder laut sprechende Menschen. Wiederholte Fluchtaktionen verursachen einen erhöhten Energieverbrauch bei den Tieren, was in futter- und wasserarmen Zeiten lebensbedrohlich werden kann. Achte bei Tierbeobachtungen immer auf die so genannte Fluchtdistanz der einzelnen Tiere. Auch dürfen Tiere nicht gefüttert werden. Diese Nahrungsquelle ist unstet und führt zu untypischem teils aggressivem Verhalten. Auf dem Meer sind z.B. Walbeobachtungen nicht immer unkritisch zu sehen. Meist fahren die Boote zu nah an die Tiere heran, um sensationelle Bilder zu provozieren. Tauchgänge zu Korallenriffen gehen meist mit Ankerwürfen der Boote einher, was die Korallen zerstört.

Stärkung der lokalen Strukturen: Bei der Planung vieler Gruppenreisen achten immer mehr Gäste und Reiseveranstalter darauf, mit lokalen Unternehmen zusammenzuarbeiten, die möglichst nach umwelt- und sozialverträglichen Kriterien handeln. Lokal geführte Unterkünfte, umweltfreundliche Transportmittel und naturverträgliche Aktivitäten werden zunehmend als Qualitätsmerkmale einer Reise wahrge- nommen. Bitte weise deine Gruppen für Tage zur freien Verfügung darauf hin, im Sinne der Stärkung lokaler Strukturen Urlaub zu machen: z.B. lokale Produkte statt importierter Speisen und Getränke zu konsumieren und in einem lokalen Restaurant zu speisen.

Das passende Souvenir: Zum Urlaub gehören natürlich auch kleine Andenken. Achte darauf, ob die Produkte wirklich im Land, besser noch vor Ort hergestellt wurden oder ob es Importe einer global agierenden Souvenir-Industrie sind. Oft ist dies bei Kleidungsstücken oder Gegenständen aus Plastik der Fall. Achte auch darauf, woraus die jeweiligen Souvenirs hergestellt wurden. Ausgestopfte Tiere, Tierfelle, - Häute oder -Zähne sollten gemieden werden. Darüber hinaus steht es sogar unter Strafe, geschützte Arten, seltene Pflanzen, Tierprodukte (z.B. Elfenbein, Schildrötenpanzer, Schalenprodukte, Korallen) oder Artefakten zu ex- oder importieren. Aber auch Pflanzen, Muscheln oder Steine sind bald „weggesammelt“, wenn jährlich Millionen von Besuchern diese tollen Andenken mit nach Hause nehmen. Ein Argument für deine Gäste ist, dass die meisten Erinnerungsstücke nur kurze Zeit in der Wohnung ein repräsentatives Zuhause finden, bevor sie auf dem Speicher oder im Müll landen.

Soziales Verhalten: Respekt vor allem Leben zu haben, gehört auf Reisen mit zum Programm. Achte darauf lokale Kultur, Traditionen, Sitten, religiöse Überzeu- gungen (hierzu gehört auch angemessene Kleidung) und Gesetze zu respektieren. Die eigene Überzeugung sollte an dieser Stelle nicht im Vordergrund stehen. Respekt gegenüber Einheimischen kann man auch durch bescheidenes Auftreten zeigen. Beispielsweise muss die teure Fotokamera nicht offen am Körper getragen werden. Ein zur Schau stellen von Luxus führt schnell zu sozialem Neid (siehe auch Info 4 „Armut auf Reisen“).

INFO 4: ARMUT AUF REISEN

VON TIM PAGALIES

Eine Rundreise in entfernte und exotische Länder bedeutet oft, die gewohnten persönlichen und gesellschaftlichen Standards für gewisse Zeiträume zu verlassen. Entwicklungs- und Schwellenländer bieten für den Reisenden viele Anblicke und Erfahrungen, die in den meisten mitteleuropäischen Staaten schon lange der Vergangenheit angehören. Die Armut bzw. deren Ursachen und Folgen sind für den Betrachter in diesen Ländern viel präsenter und greifbarer, da deren Bekämpfung für einen Großteil der Bevölkerung die Basis ihrer täglichen Bemühungen bildet. Gleichzeitig ist es aber auch gerade der Charme einer Ursprünglichkeit und Einfachheit der Menschen und deren „Lösungen für den Alltag", die viele Reisende in solche Länder lockt.

Reisen, die diese reale Identität eines Landes nicht ausblenden wollen, sondern als Erfahrungsmöglichkeiten mit in einen Reiseverlauf einbinden, sind eine besondere Herausforderung für den Reiseleiter. Verbringt man keinen Urlaub in einer abgeriegelten „Hotelfestung", sondern ist auf einer Rundreise durch das Land und deren Kultur, muss man sich mit den landesspezifischen Gegebenheiten arrangieren. Idealerweise kennt man das Zielgebiet und weiß dort auf die kulturellen und sprachlichen Anforderungen und Wünsche der Menschen einzugehen. Denn als Reiseleiter fungiert man stets als Vermittler zwischen zwei sehr unterschiedlichen Lebenswelten, der des Touristen und der des Einheimischen. Als gutes Beispiel gilt dabei das deutlich andere Verständnis für gelebte körperliche Nähe in unterschiedlichen Kulturkreisen. Viele Mitteleuropäer fühlen sich in einer indischen Großstadt mit der

„Distanzlosigkeit" der Einheimischen völlig überfordert. Was für die Einheimischen normales Interesse bedeutet, ist für die meisten von uns schon eine Grenzüberschreitung. Dort prallen einfach komplett unterschiedliche Lebensweisen und Bedürfnisse aufeinander.

In vielen Ländern ist es absolut notwendig, Sicherheitshinweise (findest du beim Auswärtigen Amt) genau zu lesen sowie die Hinweise der einheimischen Guides zu beachten, um die Reisegruppe am ersten Tag mit den essentiellen Verhaltensregeln vertraut zu machen. Wie verhalte ich mich z.B. abends oder nachts in einer afrikanischen Großstadt? Welche Gegenden oder Viertel sollte ich meiden? Bespreche ich dies nicht vorab in ruhiger Runde, sind Diebstähle oder gefährliche Situationen vorprogrammiert. Abgesehen von dem ernsthaften Sicherheitsrisiko, welches man dadurch eingeht, kann diese Unterlassung im Schadensfall zu Lasten der Reiseleitung und damit des Reiseunternehmens ausgelegt werden.

Es stellt sich also grundsätzlich die Frage, wie eine Reisegruppe mit diesen dort auf sie wartenden Erfahrungen adäquat begleitet werden kann. Wie kann ich eine Reisegruppe auf bestimmte Erfahrungen vorbereiten; wie begleite ich sie währenddessen; und wie kann ich mit der Gruppe die gemachten Erfahrungen aufarbeiten, so dass für alle Reiseteilnehmer ein potentieller Mehrwert aus dem Erlebten entsteht?

Der Reisegast möchte ein Land und deren Menschen hautnah erleben, neue Erfahrungen mitnehmen und sich dabei sicher fühlen. Je ärmlicher die Verhältnisse eines Landes sind, umso mehr wiegt das Geld, das durch die Touristen direkt in die Hände der einheimischen

Bevölkerung fließt. Für viele Einheimische ist es also ein Segen, an den Touristen etwas Geld zu verdienen. Dennoch ist es für niemanden ein Segen, wenn Touristen unbedacht Geld geben und Geldgeschenke nach und nach als selbstverständlich wahrgenommen werden.

Achte darauf, dass deine Gäste das nicht tun und erkläre die Situation. Denn dann verliert das Geld seinen gesellschaftlich und wirtschaftlich wichtigen Gegenwert – die (Arbeits-)Leistung, die man dafür erbringen muss. Bei den Einheimischen entstehen somit Verhaltensweisen und Erwartungshaltungen gegenüber den Touristen, die sie selbst in eine passive Bettlerrolle drängen. Es ist für die einheimische Bevölkerung und deren Arbeitsmöglichkeiten wesentlich sinnvoller, lokale nachhaltige Tourismusprojekte zu fördern bzw. deren Leistungen vor Ort in Anspruch zu nehmen. Es gibt viele Projekte mit ortsansässigen Reiseunternehmen, die Ihr durch Eure aktuelle Reise mitfinanziert und fördert.

Wie gehe ich damit um, wenn man mit einer Reisegruppe auf in Armut lebende Menschen trifft? Wie reagiere ich persönlich, wenn ich angebettelt werde? Jeder Mensch handelt in solch überraschenden Situationen aus einem Erfahrungsschatz heraus, der aus den eigenen erlernten Wert- und Statusvorstellungen gespeist wird. Die eigene Sozialisation, genauer gesagt die persönliche Wertigkeit von Geld und der eigene Umgang mit starken Statusunterschieden lenken die spontanen Reaktionen auf direkt erlebte Armutssituationen. Die Spanne reicht von „Weggucken“ über „Voyeurismus“ bis hin zu wildem Aktionismus (allen Menschen plötzlich Geld geben zu wollen). Welche Beweggründe gibt es für meine Reaktion?, wäre hier eine spannende Frage für Dich. Ist es das Gefühl, diese soziale Ungerechtigkeit bzw. Ungleichheit nicht auszuhalten und sie plötzlich beseitigen zu wollen? Möchte ich diese neue Erfahrung mit allen Facetten konsumieren, ohne mich in irgendeiner Weise moralisch verpflichtet oder verantwortlich zu fühlen? Oder habe ich einfach das Bedürfnis, mich nicht näher mit dieser Ungleichheit zu beschäftigen?

Extra Info!
Ein großes Problem in einigen Ländern stellen Kinderarbeit und sexueller Missbrauch dar. Werde aktiv, wenn dir oder Gästen etwas auffällt: Informiere Dich über ecpat (Arbeitsgemeinschaft zum Schutz der Kinder vor sexueller Ausbeutung).

Zunächst ist es wichtig, jede Haltung der Reisegäste zu akzeptieren, solange sie nicht die Persönlichkeitsrechte der Einheimischen missachtet. Weiterhin ist es sehr wahrscheinlich, dass allein die Diskussion in der Gruppe und die innere Auseinandersetzung jedes Einzelnen, die persönliche Haltung und den Umgang mit dem Thema ver- ändern. Wichtig ist dabei, sich darüber auszutauschen, um diese gegebenenfalls neue Erfahrung mit anderen zu reflektieren und den eigenen Gefühlen einen Ausdruck zu geben. Nicht selten spiegelt mir eine solche intensive Erfahrung Kindheitsthemen, die mit meiner persönlichen Erfahrung von Mangel zu tun haben. Du als Reiseleitung musst dir bewusst darüber sein, dass ein Austausch über die Erfahrung und ein Nachfragen (Wie geht es dir mit diesem Erlebnis?) bei den einzelnen Gästen enorm wichtig ist. Diese Reflexion gehört zur Psychohygiene einer Reisegruppe und eines jeden Einzelnen in deiner Gruppe.

Für Reisen in Entwicklungs- und Schwellenländer sollte der Reiseleiter also Folgendes mit in die Reiseleitung einbeziehen:

→ Besprechung der landes- und regionsspezifischen Sicherheitshinweise mit der Reisegruppe

→ Vorbereitung der Reisegruppe auf kulturelle Verhaltensregeln

→ Wahrung der Privatsphäre der Einheimischen (und der Reisegäste)

→ Aufklärung der Reisegäste über Sinnhaftigkeit von nachhaltigen Tourismusprojekten (keine Geldgeschenke)

→ Gespräche über intensive Erlebnisse (Reflexion)

→ Stetiges Nachfragen und Austausch mit jedem Reisegast zur eigenen Verfassung (Psychohygiene)

INFO 5: WIE ENTSTEHT EINE GRUPPENREISE?

Nicht alle Reiseleiter kennen sich in der Struktur der Tourismuswirtschaft aus. Die Gäste einer Reisegruppe sind aber immer wieder verwirrt, wenn sie von unterschiedlichen Anbietern hören, die ein und dieselbe Reise anbieten. Die Verwunderung kann vor Ort nur der Reiseleiter auflösen, vorausgesetzt, er kennt sich aus mit der Vielfalt im Vertrieb und mit möglichen Kooperationsstrukturen. Im folgenden Bild wird ein wenig Fachvokabular mit touristischer Struktur zusammengebracht.

Die Wertschöpfungskette im Tourismus zeigt die wichtigsten Elemente, die in einer Reise integriert sind. Destination, Leistungsträger und Incoming Agentur werden hier dem Zielgebiet (also der Urlaubsregion) zugeordnet. Reiseveranstalter und Reisebüro befinden sich i.d.R. dort, wo auch der Kunde herkommt (der Quellregion). Jedes einzelne Element steigert den Wert einer Reise, daher spricht man von Wertschöpfungskette im Tourismus.

Eine Destination (1) ist das touristisch organisierte Zielgebiet in dem Leistungsträger (2) (z.B. Hotels, Museen, Restaurants, Spaßbad, Stadtführer) ihr touristisches Geschäft betreiben. Die Touristen (unsere Kunden = 7) besuchen diese Destination, also fahren mit einem Verkehrsträger (4) (Auto und Flugzeug sind die beiden wichtigsten Beförderungsmittel) dorthin, um zum Beispiel eine Gruppenwanderreise anzutreten.

Organisiert wird eine solche Gruppenwanderreise von einem Reiseveranstalter (5), der (wenn viele Destinationen das Programm bestimmen) mit einem Spezialisten vor Ort zusammenarbeitet, mit einer Incoming Agentur (3). Der Kunde (7) buchte die Wandergruppenreise vor der Internetentwicklung ausschließlich im Reisebüro (6). Das Reisebüro wiederum vermittelt die Reise eines Reiseveranstalters und bekommt dafür eine Provision.

In der heutigen Zeit herrscht im Tourismus eine starke Konkurrenz. Dies führt dazu, dass jeder einzelne Anbieter versucht, seine Reiseangebote selbst an den Urlauber zu bringen. Damit ist das Chaos für den Urlauber perfekt. Wer ist denn nun mein Ansprechpartner? Mit wem habe ich einen Reisevertrag geschlossen? Bei wem kann ich mich beschweren oder auch Lob aussprechen? Viele offene Fragen, auf die du als Reiseleiter vorbereitet sein solltest.

Vor allem bei Gruppenreisen versuchen Reiseveranstalter und Incoming Agenturen zusammenzuarbeiten, um eine gute Auslastung der Gruppen zu erreichen. So kann es sein, dass in einer Gruppe Gäste sind, die ihre Reise bei unterschiedlichen Reiseveranstaltern gebucht haben und dadurch auch unterschiedliche Vertragspartner haben. Du als Reiseleiter solltest die Partner kennen und wissen, welche unterschiedlichen Kooperationen dein Reiseveranstalter eingegangen ist.

Das war ein wenig Tourismustheorie, die dir hoffentlich Orientierung gibt und etwas Licht ins Dunkel der Tourismuswirtschaft bringt. Darauf aufbauend wird im folgenden Bild nun gezeigt, wie sich eine

Gruppenreise im Speziellen zusammensetzt. Einige der oben genannten Begriffe findest du hier wieder. Vor allem aber wird deutlich, welchen wichtigen Beitrag du als Reiseleiter in diesem Konstrukt Gruppenreise leistest, worauf deine Arbeit aufbaut und worin dein Beitrag besteht.

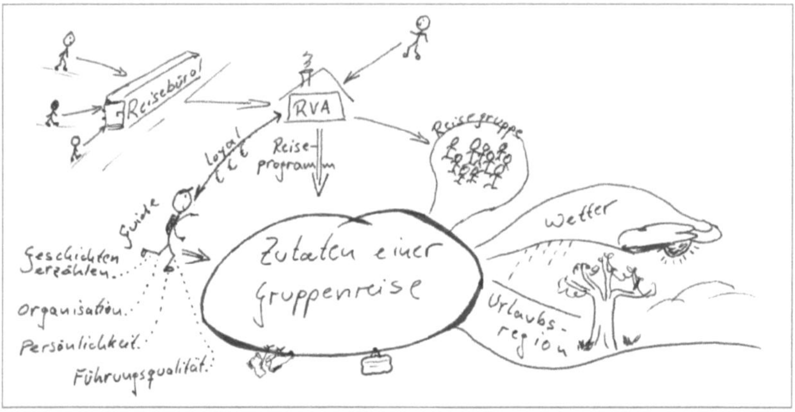

Der Kunde bucht seine Reise über das Reisebüro, den Reiseveranstalter oder die Incoming Agentur. Vom Reiseveranstalter selbst oder dessen Incoming Agentur wird ein Tourprogramm erarbeitet (der Reiseverlauf mit allen zugehörigen Leistungen). Gleichzeitig entsteht durch die einzelnen Reisebuchungen für einen Termin eine Reisegruppe, deren Teilnehmer sich aber i.d.R. im Vorfeld nicht kennen. Vor Ort (Destination) treffen die Gäste, der Reiseleiter und die Einheimischen das erste Mal zusammen. Die Art und Weise, wie der Reiseleiter welche Informationen vermittelt, wie sich die Gäste untereinander verstehen und welche Beziehungen zu den Einheimischen entstehen, macht mehr als die Hälfte des Urlaubserlebnisses und damit auch der Qualität der Reise aus. Na dann, schönen Urlaub.

INFO 6: EINE REISE PLANEN

Nun zur eigentlichen Reiseplanung, also der Erstellung des Reiseprogramms einer Gruppenreise. Das nachstehende Bild soll dir einen kleinen Einblick in die Arbeit eines Reiseveranstalters verschaffen und zeigen, welche Arbeitsschritte nötig sind, bevor dein großer Auftritt erfolgt.

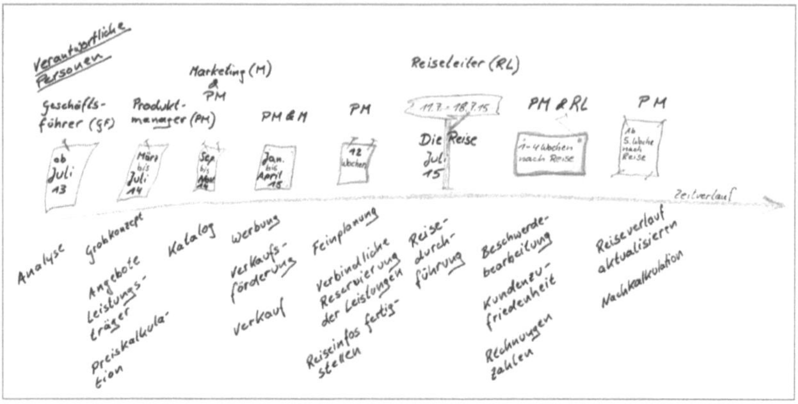

Dieser idealtypische Ablauf der Reiseplanung wird am Beispiel einer Gruppenreise vollzogen. Diese Reiseangebote verlangen ein hohes Maß an Know How und Planungsgeschick. Sowohl Umfang als auch Komplexität einer Gruppenreise verlangen Erfahrung und umfangreiche Detailkenntnisse im touristischen Geschäft. Vor allem der Umgang mit den Unbekannten (kurzfristige Preisänderungen, Flugzeitänderungen, die Zusammenstellung der Reisegruppe, Wetter, der Reiseleiter etc.) macht diese Angebotserstellung zur Herausforderung (Es lebe die Improvisation).

Ungefähr zwei Jahre bevor eine Reise wirklich das erste Mal beginnt, denkt ein Reiseveranstalter schon über sie nach. Die Idee ist da und bevor die eigentliche Reiseplanung anfangen kann, muss klar sein, ob das Unternehmen dieses Vorhaben trägt. Die Planung einer neuen Reise kostet erst einmal einiges an Geld. Erfolg stellt sich in der Regel erst nach der zweiten oder dritten Saison ein (wenn es gut läuft). Bis dahin gibt der Reiseveranstalter eigentlich nur Geld aus. Daher sind Analysen im Markt (Wie sieht die Konkurrenz aus?) und im Unternehmen selbst (Haben wir Zeit, Geld und Know How?) unerlässlich. Erst wenn diese Fragen beantwortet sind (intuitiv durch den Chef, als umfangreiche Machbarkeitsstudie oder meist irgendwo da- zwischen) beginnt die eigentliche Planung der Reise, etwa ein Jahr im Voraus.

Ein Grobkonzept gibt dem Planer (Produktmanager heißt dieser im Tourismus) Orientierung für die Anfrage von Angeboten (z.B. an Hotels) und die darauffolgenden Vertragsverhandlungen. Diese münden im Falle einer Unterkunftsleistung dann in einer optionalen Buchung, die i.d.R. bis drei Monate vor Reisebeginn kostenlos storniert werden kann. Sind die Preise für alle nötigen Leistungen vorhanden, wird kalkuliert, was das Zeug hält. Gut, wenn man hier die Preise der Konkurrenz kennt, um nicht gänzlich ins Blaue hinein zu planen. Die Mindestteilnehmerzahl einer Gruppenreise ist hierbei eine wichtige Stellschraube bei der Preisgestaltung: Mindestteilnehmerzahl rauf bedeutet Preis runter und umgekehrt.

Steht der Preis fest, dann kann der Katalog erstellt werden. Texte, Bilder, Preis- Leistungsteil, Zusatzinformationen werden nun verbindlich festgelegt, denn was im Katalog steht gilt (Reiserecht)! Dünnes Eis, denn das Grobkonzept ca. neun Monate vor Reiseantritt ist alles andere als gesichert.

Nun, im Spätherbst oder kurz vor Weihnachten erhalten die Kunden die Kataloge und buchen hoffentlich fleißig – unterstützt von der Werbung. Auch die Partner im Reiseverkauf werden geschult und begeistert, von der Faszination dieses Reise- angebotes. Man nennt dies Info-Reise, bei der ein Reisebüromitarbeiter zu äußerst günstigem Preis schon einmal im Zielgebiet Urlaubslaune tanken darf, damit er dann begeistert die Reise dem Kunden anbietet.

Erst drei bis vier Monate vor Reisebeginn wird es konkret mit der Reiseplanung. Reiseinformationen werden geprüft und aktualisiert, Reiseleiter geschult, Reiseunterlagen an den Kunden verschickt und die einzelnen Reisetage detailliert geplant. Hier entsteht das Tourprogramm, das du als Reiseleiter später von deinem Veranstalter bekommst. Diese überstundenreiche Phase endet mit der Erstellung der Zimmerlisten für Unterkünfte und den Teilnehmer- und Transferlisten für Dich, dem Reiseleiter. Wenn bei dir der Puls nun hoch geht, atmet der Produktmanager im Büro durch und hofft, dass das Notfalltelefon möglichst nicht klingelt.

Nach der Reise müssen dann noch die Rechnungen an die Leistungsträger (z.B. Unterkunft und auch der Reiseleiter) gezahlt und deine Abrechnungen überprüft werden. Alle eingehenden

Informationen (Feedback) sammelt der Produktmanager und wertet diese später aus. Beschwerden, falls vorhanden, haben Priorität in der Bearbeitung, da hier Fristen eingehalten werden müssen. Eine wichtige Aufgabe nach einer Reisesaison ist die Durchführung einer Nachkalkulation. Nun liegen mit den Rechnungen ja alle tatsächlich angefallenen Kosten vor. Diese nochmals in einer Kalkulation zusammenzuführen hilft, im nächsten Jahr das Programm und die Preise wirtschaftlich sinnvoll anzupassen.

Spätestens jetzt beginnt alles wieder von vorn. Es sei denn, der Reiseveranstalter bietet auch Reisen in der zweiten Saison (meist im Winter) an. Dann findet dieser Prozess um etwa ein halbes Jahr versetzt nochmals statt, parallel zum ersten. Da heißt es, kühlen Kopf bewahren und gelassen bleiben. Also, wenn du das nächste Mal im Büro des Reiseveranstalters anrufst und die Kollegen sind nicht übermäßig gesprächig, dann weißt du, woran es liegen könnte.

INFO 7: REISERECHT LEICHT GEMACHT

Im Bürgerlichen Gesetzbuch (BGB) ist das Reiserecht in einem einzigen (sehr umfangreichen) Paragraphen zusammengefasst, dem § 651 a-l. Dieses Gesetz dient dem Schutz des Kunden und basiert auf einem gültigen Reisevertrag zwischen dem Kunden und dem Reiseveranstalter. Im folgenden Bild kannst du sehen, wie ein Reisevertrag zustande kommt und welche Informationen Teil der vertraglichen Bindung werden.

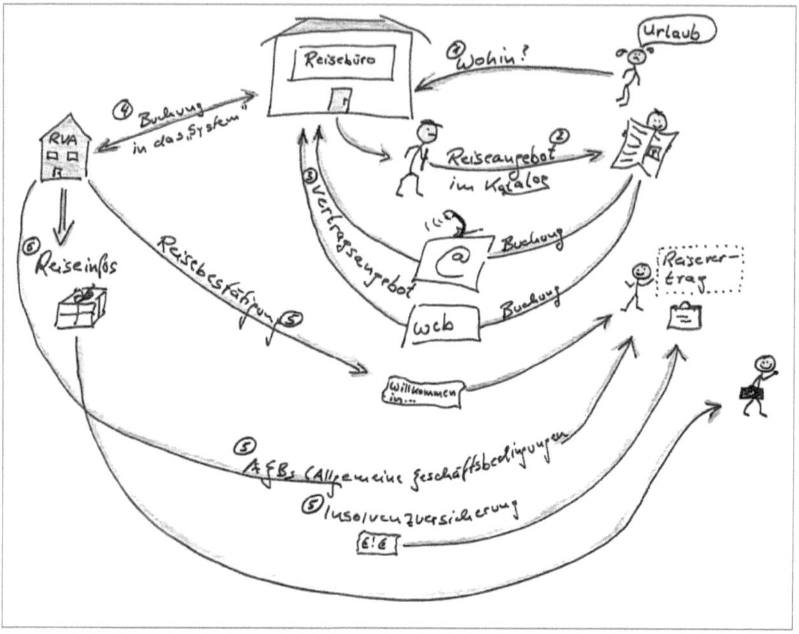

Der potentielle Gast informiert sich bei einem RVA oder einem RB über mögliche Reiseangebote (1). Die zugehörigen Informationen erhält die Person über den Katalog oder das Internet (2). Eine Buchung erfolgt dann in der Regel schriftlich über das Internet oder per Post (3). Der Reiseveranstalter schickt (ggf. über das RB) eine Buchungsbestätigung an den Kunden (4). Gleichzeitig werden die Allgemeine Geschäftsbedingungen (AGBs) zur Verfügung gestellt (6). Weitere Informationen folgen mit der Aushändigung der Reiseunterlagen oder bei Fragen des Kunden (5). Alle gegebenen Informationen (2 und 4-6) sind Gegenstand des Reisevertrages.

Das Reiserecht regelt zum Beispiel die Hauptpflichten, die mit dem Reisevertrag einhergehen, das Kündigungsrecht eines Reisevertrages oder Ausschlussfristen. Beim Kunden bekannter als das Reiserecht ist ein anderes Dokument, das im Zusammenhang mit dem Reiserecht steht, die so genannte Frankfurter Tabelle. Fälschlicherweise glauben viele Menschen, die auf dieser Basis auf ihr Recht „pochen", dass die Frankfurter Tabelle ein Gesetz sei. Ist sie aber nicht, sondern eine Empfehlung für die außergerichtliche Einigung in einem Streitfall.

Weitere rechtliche Bindungen im touristischen Miteinander bestehen zwischen:

→ einem Reisebüro und einem Reiseveranstalter = Agenturvertrag

→ einem Reiseleiter und einem Reiseveranstalter = Honorarvertrag

→ einem Hotel und einem Reiseveranstalter = Hotelvertrag

→ einem Kunden und einem Hotel = Beherbergungsvertrag

Ein Reisebüro agiert für den Reiseveranstalter als Erfüllungsgehilfe und vermittelt dessen Reiseangebote gegen Provision. Dieses Verhältnis basiert auf den §§ 84 ff. im Handelsgesetzbuch (HGB). Vertraglich sind sie über so genannte Agenturverträge verbunden, in denen u.a. die Provisionszahlungen und der Umfang der Vermittlungstätigkeit geregelt sind.

Der Reiseleiter gilt als Erfüllungsgehilfe eines Reiseveranstalters, handelt demnach in dessen Namen. Der rechtliche Rahmen, der den Status eines Reiseleiters stützt, ist leider nicht eindeutig gegeben. Oft treten Reiseleiter als selbständig Tätige auf. Sie schließen mit dem Reiseveranstalter in der Regel einen Honorarvertrag – der im rechtlichen Sinne ein Dienst- bzw. Werksvertrag ist – ab. In diesem werden die gegenseitig zu erbringenden Leistungen festgehalten. Sozialversicherungsrechtlich und steuerrechtlich gestaltet sich die Tätigkeit als Reiseleiter auch schwierig. Dies zeigt der uneinheitliche Umgang der Behörden (z.B. Finanzämter) mit Reiseleitern, wenn diese die Unterlagen zu ihrer Steuererklärung einreichen.

Hinsichtlich der Genehmigung oder Lizenz für Reiseleitungen/Führungen im Ausland gibt es seit 2007 eine EU-Richtlinie (2005/36/EG), die das Problem der aufgezwungenen lokalen Ortsführer entkräftet. „Bei vorübergehender Erbringung grenzüberschreitender Dienstleistungen müssen Reiseleiter/Fremdenführer keine Genehmigung oder Lizenz mehr erwerben. Staaten in denen die Tätigkeit der Reiseleiter/ Fremdenführer reglementiert ist, können jedoch zusätzliche

Unterlagen zum Tätigkeitsnachweis fordern." (vgl. Schmeer-Sturm 2012, S. 30)

Viele Kunden buchen einzelne Reiseleistungen über das Internet. Häufig ist ihnen nicht klar, welche rechtliche Bindung sie dabei eingehen. Oft entsteht eine direkte Vertragsbindung zwischen dem Leistungsträger und dem Kunden. Wird zum Beispiel ein Hotel gebucht, dann basiert die Verbindung auf einem Beherbergungsvertrag. Dieser gleicht in vielen Teilen einem Mietvertrag. Zusätzlich regelt der Beherbergungsvertrag die Bewirtung und die Aufbewahrung von Gepäck.

Nicht selten befinden sich diese Leistungsträger nicht in Deutschland (Gerichtsstand ist dann nicht in Deutschland). Jeglicher Kundenschutz, der in Deutschland gegeben ist, findet dann keine Anwendung. Hier hilft nur, die jeweiligen Allgemeinen Geschäftsbedingungen des Leistungsträgers zu kennen, um zu wissen, worauf man sich einlässt. Dies ist unsicheres Terrain für viele Reisende, die auch nicht selten enttäuscht werden.

Eine kleine Geschichte…

Der Wanderfreund Franz bucht einen Wanderurlaub beim Reiseveranstalter „Müllerslust", der festgelegte Abholzeiten vom Flughafen zur ersten Unterkunft anbietet. Den Flug bucht Franz auf der Website von Ryanair selbst, der ist so schön billig. Seine Ankunft am Anreisetag passt mit dem Transfer zur ersten Unterkunft zusammen. Zwei Wochen vor Abflug ändert Ryanair die Flugzeiten. Franz kommt nun deutlich später am Zielflughafen an und erreicht keinen der angebotenen Flughafentransfers mehr. Ihm bleibt nur, den Flug einen Tag früher zu nehmen und eine Hotelübernachtung zu buchen. Also: Verfall von Flug 1, Neubuchung eines Fluges 2, Buchung einer recht teuren Hotelübernachtung. Am Tag der Reise kommt Franz zum Flughafen und stellt fest, dass der Check- In dort extra kostet (nur der Internet Check-In wäre kostenfrei gewesen). Schon recht verärgert, muss er nun erfahren, dass sein Gepäck 1,5 kg über dem angegebenen Höchstwert liegt – ein weiterer Aufschlag. Am Zielflughafen stellt man fest, dass sein Gepäck verlustig gegangen ist. Franz lädt seinen Unmut am nächsten Tag beim bis dahin noch entspannten Reiseleiter Udo ab. Udo weiß, dass Franz all diese Eventualitäten und Bedingungen in den AGBs akzeptiert hat, das wäre jetzt aber kein gutes Argument. Leider hatte Franz auch keine Gepäckversicherung abgeschlossen, was ihm in der Unübersichtlichkeit der Internetseite von Ryanair entgangen war, wie er zugibt. Na hoffentlich findet sich das Gepäck wieder, denkt der Reiseleiter und versucht, Franz zu beschwichtigen, mit dessen schlechter Laune und fehlendem Gepäck er nun umgehen muss.

PS: Lufthansa wäre insgesamt gesehen im Übrigen nur etwa halb so teuer gewesen. Na dann schönen Urlaub!

Ein gutes Stichwort für das folgende Thema ist der Unmut von Franz aus der kleinen Geschichte, der schnell in einer Beschwerde münden kann. Wie man mit einer Beschwerde vor Ort umgehen sollte (also im Miteinander), dazu wird in *Info 14* mehr gesagt. Hier geht es um den rechtlichen Rahmen bei einer Beschwerde.

Bucht eine Person eine Reise beim Reiseveranstalter (RVA), ist dieser Vertragspartner (§ 651 a) und damit Ansprechpartner für alle Probleme, die mit den gebuchten Leistungen in Zusammenhang stehen. Auslöser für eine Beschwerde sind meist:

→ Missverständnisse in den Leistungsbeschreibungen (positiv klingende Katalogbeschreibungen)

- *„…das Hotel befindet sich im erweiterten Ortskern…“* – Hier muss mit langen Wegen zur Ortsmitte gerechnet werden.
- *„…Hotel mit Meerblick“* bedeutet nicht, dass ein direkter Zugang zum Meer besteht

→ Fehler in der Leistungserbringung

- ein Museumsbesuch findet nicht statt
- ein Hotelzimmer ist unsauber und die Einrichtung ist defekt

→ Falsche Erwartungen der Gäste

- In Schottland scheint nicht immer die Sonne...
- Auch im Gourmet-Land Frankreich gibt es schlechte Restaurants

Beschwert sich der Gast über eine Sache, dann ist es wichtig, dass die gesamte Kommunikation über den Reiseleiter läuft. Beispielsweise sollte ein Gast nie ein Problem mit einer Unterkunft direkt mit dem Anbieter klären. Ein Kunde, der eine Beschwerde später geltend machen will, muss das Problem, wenn bekannt, vor Ort der zuständigen Person mitteilen. Du als Reiseleiter bist genau diese Person und musst versuchen, vor Ort das Problem einzudämmen oder zu beheben. Ist beispielsweise ein Zimmer schmutzig, dann kümmerst du Dich (in Absprache mit dem Hotel) um eine Alternative.

Ist vor Ort keine Abhilfe möglich, dann kann der Kunde verlangen, den Mangel von dir schriftlich bestätigt zu bekommen (siehe Checkliste 1 - Reklamation). Dies ist aber keine Bringschuld von deiner Seite her!

Jetzt wird es spannend: Wie formulierst du nun den Sachverhalt, ohne verfrühte Zugeständnisse an den Gast zu machen (das wäre nicht das richtige Vorgehen)?

In der folgenden Aufzählung sind ein paar Beispiele aufgeführt, die dir bei der Formulierung von Sachverhalten helfen können:

So nicht: Die Dusche im Hotelzimmer ist kaputt.

Eher so: Aus der Dusche im Hotelzimmer 7 kommt kein Wasser.

So nicht: Der Eintritt ins Museum X müsste eigentlich im Reisepreis enthalten sein.

Eher so: Herr Meier versteht die Reisebeschreibung so, dass der Eintritt ins Museum X enthalten ist.

So nicht: Herr Meier beschwert sich über den langen Transfer von A nach B.

Eher so: Herr Meier gibt an, dass der Transfer von A nach B zu lang sei.

So nicht: Für Herrn Meier sind die Tageswanderungen zu anstrengend.

Eher so: Herr Meier gibt an, dass die Wanderungen A, C, D, E und F für ihn von der Steigung her kaum zu bewältigen waren.

So nicht: Im Hotel X entsprachen das Essen und der Service nicht dem hohen Preis, den das Hotel verlangt.

Eher so: Das Abendessen im Hotel X war nicht ausreichend erhitzt, so die Meinung der Gruppe.

Und, eher so: Ein Teil der Gruppe bekam das Essen 30 Minuten nach der Bestellung. Der andere Teil der Gruppe war dann bereits fertig.

Wenn du eine Beschwerde schriftlich aufnimmst, dann auf jeden Fall in dreifacher Ausfertigung:

→ ein Exemplar für den Gast, der sich beschwert hat

→ ein Exemplar für den Reiseveranstalter

→ ein Exemplar für Dich

Es empfiehlt sich, für Beschwerden, die finanzielle Forderungen beinhalten, Zeugen zu benennen. Der gesamte Ablauf einer Beschwerde ist im folgenden Bild dargestellt. Der Pfeil (2) zeigt den nächsten Schritt einer formalen Beschwerde auf. Der Kunde muss innerhalb von vier Wochen (nach Rückreise) schriftlich die Beschwerde beim Reiseveranstalter vorbringen. Hier ist nun hoffentlich auch die Information von dir angekommen. Nach Prüfung des Sachverhalts wird der Reiseveranstalter die Beschwerdeforderung zurückweisen oder ein Angebot zur Einigung unterbreiten (3-5). Ist der Kunde damit nicht einverstanden (6), dann kommt es in der Regel zum Rechtsverfahren (7) und zum Urteil (8). Das gilt dann für alle Beteiligten.

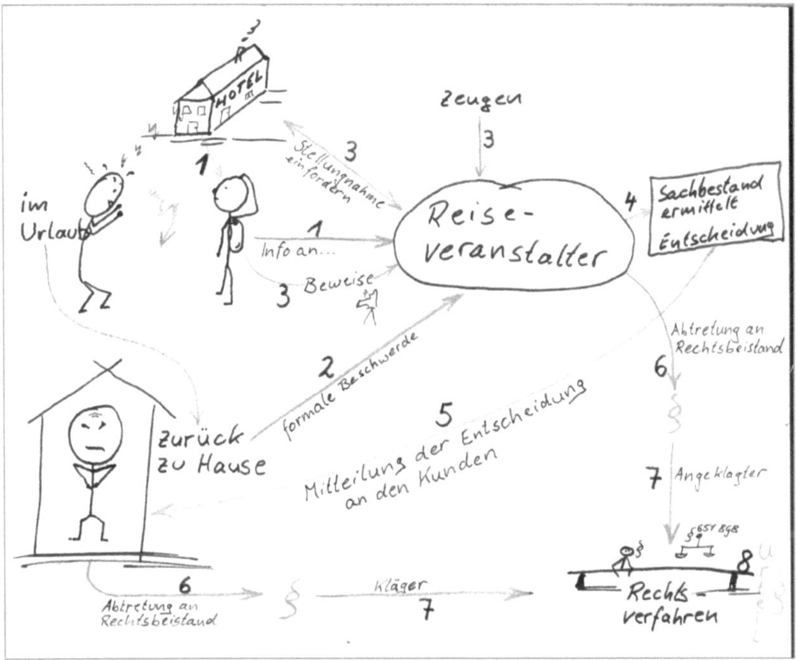

Der Kunde beschwert sich vor Ort beim Reiseleiter, der die Information an den Reiseveranstalter (RVA) weitergibt (1). Eine schriftliche Beschwerde schickt der Kunde innerhalb von vier Wochen nach Rückkehr aus dem Urlaub zum RVA (2). Dieser prüft den Sachverhalt (3 + 4) und gibt Rückmeldung (5). Kommt es zu keiner Einigung (6) bleibt dem Kunden das Rechtsverfahren (7), in dessen Folge ein gerichtliches Urteil den Sachverhalt verbindlich klärt (8).

Im ersten Teil dieses Kapitels ging es um das große Ganze im Tourismus. Dann um die Struktur im Tourismusgeschäft, dann um die Struktur einer Gruppenreise (dem vom Planungsaufwand her aufwändigsten touristischen Produkt), dann um die Reiseplanung selbst und zum Schluss um einige rechtliche Rahmenbedingungen. Mit diesem Abschnitt Reiserecht endet nun die kleine Tourismuskunde.

Wenn du noch offene Fragen hast, ist das ein gutes Zeichen, denn dann sind dir viele Zusammenhänge bewusst geworden und du bist bereit für etwas mehr touristischen Tiefgang – aber nicht in diesem Buch (siehe „Infos aus Büchern“ ganz hinten).

THEMA 2: KOMMUNIKATION

WARUM WIR MITEINANDER REDEN MÜSSEN – UND WIE.

Wenn es ein Geheimnis für den Erfolg gibt, so ist es dies: Den Standpunkt des anderen verstehen und die Dinge mit seinen Augen sehen.

(Henry Ford)

INFO 8: KUNDENORIENTIERUNG – WARUM?

Am besten beginnen wir die Beantwortung dieser Frage, indem wir die Begriffe „Kunde“ und „Orientierung“ klären. Jeder Kunde ist in erster Linie ein Mensch und sollte als solcher behandelt werden! Seine Werte und Normen werden von der Gesellschaft, die ihn umgibt bestimmt. Seine Einzigartigkeit drückt sich in seinem individuellen Verhalten aus. Seine Wünsche und Bedürfnisse motivieren ihn, sich nach entsprechenden Angeboten umzuschauen, die ein Unternehmen (z.B. ein Reiseveranstalter) bietet. Möchte nun ein solcher Mensch in den Urlaub fahren und bucht dazu eine Reise, dann wird er plötzlich für ein Unternehmen zum Kunden oder Gast, der einen bestimmten Zweck erfüllt – er bringt Geld.

Auch wenn im Laufe der Ausführungen von Kunden oder Gästen gesprochen wird, so ist es wichtig, allem voran diese immer als Individuen und nicht als zahlende Objekte zu sehen und zu behandeln. Dies gelingt dir am besten, wenn du den Menschen hinter dem Kunden nicht aus dem Auge verlierst.

Unter dem Begriff **Orientierung** ist die Ausrichtung auf etwas oder auf jemanden zu verstehen. Die Kenntnis von einer Wegführung oder das Zurechtfinden in einer Region kann ebenfalls mit dem Begriff Orientierung beschrieben werden. Der Orientierungslauf ist in diesem Zusammenhang die sportliche (wettkampfbezogene) Variante eines schnellen Zurechtfindens im Gelände.

Die geistige (religiöse) Einstellung einer Person bietet Orientierung in der eigenen Lebensführung, im Verhalten und Handeln. Aus Sicht der europäischen christlichen Religion besteht eine Verbindung zwischen den Wörtern Orient und orientieren, was bedeutet, dass die aufgehende Sonne im Osten (also im Orient) Alltag und religiöse Einstellung strukturieren.

Wenn man nun die Begriffe Kunde und Orientierung zusammenbringt, dann ergibt sich folgendes Verständnis von Kundenorientierung: Das Handeln im Unternehmen wird an den Wünschen und Bedürfnissen der Menschen ausgerichtet. Diese Wünsche und Bedürfnisse sind geprägt von den Normen und Werten der Menschen in ihrer Umwelt und von ihren individuellen Einstellungen und Motivationen. Sie spiegeln sich in ihrem Verhalten wider.

Das Verhalten auf Unternehmensseite ist ebenfalls abhängig von der Umwelt des Menschen, der als Kunde bezeichnet wird. Vielmehr muss Kunden- und Unternehmensverhalten in unmittelbarem Zusammenhang gesehen werden – WARUM? Weil das touristische Geschäft von einem Käufermarkt bestimmt wird. Das bedeutet: Die Angebote übersteigen die Nachfrage.

Ein Unternehmen ist nicht selten dazu gezwungen, kurzfristig zu reagieren, statt langfristig zu agieren. Diese Kurzfristigkeit lässt sich zum Teil durch ein enges und persönliches Verhältnis zum Kunden kompensieren. Du als Reiseleiter bist sehr nah an diesen Kunden dran. Daher ist dein Feedback zu den Reisen auch so wichtig und hilfreich für einen Reiseveranstalter.

Die meisten Entscheidungen trifft ein Kunde aus dem Bauch heraus. Sympathie und Vertrauen gegenüber dem Reiseveranstalter und dem

Reiseleiter sind hierbei oft Orientierungshilfen für den Kunden. Bringen die Mitarbeiter eines Unternehmens dem Kunden Empathie (die Fähigkeit, sich in den Kunden hineinversetzen zu können) und ein Gespür für seine Wünsche entgegen, dann lässt sich dessen Vertrauen leicht gewinnen.

INFO 9: GÄSTEERWARTUNGEN

WO LIEGT DAS PROBLEM?

Was will der Kunde? Eine Frage, die so manchen Reiseveranstalter schon zur Verzweiflung getrieben hat. Ein Reiseleiter hat mit all den Prognosen zu Kundenwünschen und Kundenverhalten im Vorfeld wenig zu tun. Aber wenn die Reise losgeht, bist du ein wichtiger Beobachter in Sachen Kundenmeinung und -verhalten, denn kein Mitarbeiter beim Reiseveranstalter ist näher am Kunden dran als der Reiseleiter. Also: Augen auf und „mitgeschrieben".

Damit du die Problematik der Kundenzufriedenheit (also das Ergebnis aus Kundenwunsch, -erwartung und -erfüllung) besser verstehst, hier ein paar kleine Erläuterungen. Schau dir mal das nachstehende Bild zum Thema Kundenzufriedenheit an.

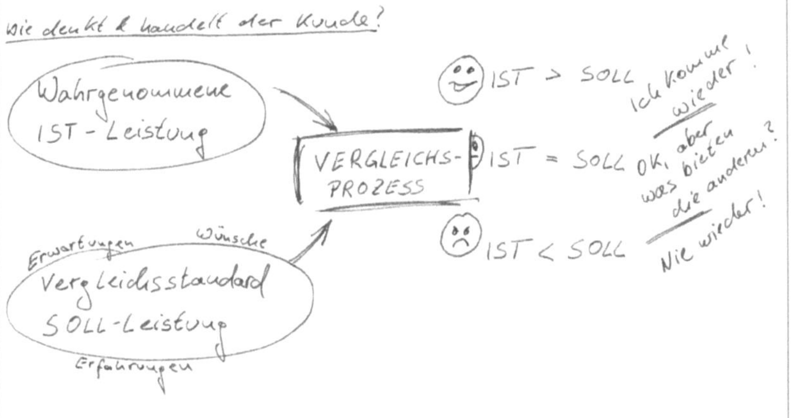

Quelle: Eigene Darstellung in Anlehnung an: Seiwert, L.: Kundenorientierte Unternehmensstrategie. 2001, S. 5

(Quelle: Eigene Darstellung in Anlehnung an: Seiwert, L.: Kundenorientierte Unternehmensstrategie. 2001, S. 5) Kundenzufriedenheit oder -unzufriedenheit wird in einem Vergleichsprozess (SOLL-IST) wahrgenommen, in dessen Ergebnis das Erwartete bestätigt, übertroffen oder nicht erreicht wird. Begeisterung entsteht nur, wenn das Erwartete übertroffen oder durch nicht Erwartetes ergänzt wird. Dann ist der Kunde zum Wiederkauf bereit und erzählt begeistert von seinen Erlebnissen. Ist das Ergebnis ok, dann lässt er sich leicht von der Konkurrenz abwerben. Bei völliger Unzufriedenheit, wird der Kunde aktiv nach Alternativen suchen und über seinen Unmut berichten.

Drei Stufen werden hier unterschieden. Ausgangspunkt ist ein Vergleichsprozess, bei dem der Gast das Neue gegen Bekanntes stellt und daraus seine Schlüsse zieht (bei manchen Menschen läuft dieser Film während der Reise als Endlosschleife). Wichtigstes Merkmal für sensible Antennen der Kunden: Der Gast berichtet oft und vergleichend von vergangenen Urlauben. Im Ergebnis mischen sich dann zum Bewusstsein über das Erlebte noch das unbewusste Erleben. Das schlechte Wetter im aktuellen Urlaub schafft Sehnsucht nach dem schönen Wetter im letztjährigen Spanien- urlaub, ohne dass dies unbedingt bewusst wird.

Eine kleine Geschichte…

Ein Gast, nennen wir ihn Helmut, wird zu seiner Meinung über eine Hotelübernachtung gefragt: „Das Zimmer war zu klein und zu laut!" (Eine Aussage, die im bewussten Vergleichen der bisherigen Erfahrung und der Gegebenheiten vor Ort entsteht.) Zu einem anderen Hotel sagt Helmut: „Alles war soweit in Ordnung, aber es fehlte das gewisse Etwas." (Eine solche Aussage deutet auf eine gefühlsbedingte Unzufriedenheit hin, auf ein unbewusstes Empfinden, das sich schwer oder auch nicht in Worte fassen lässt.) Bei genauerem Nachfragen stellte sich heraus, dass Helmut im letzten Jahr in einer Fünf-Sterne Logde unter Palmen und mit Blick aufs Meer übernachtet hat. Dort hat er auch seine jetzige Lebenspartnerin kennengelernt. Kein Wunder also, wenn jetzt, das gewisse Etwas fehlt.

Das vorherige Bild lässt erkennen, dass die standardmäßige Erbringung einer Leistung (alles ist in Ordnung) nicht zwangsläufig zu hoher Kundenzufriedenheit führt. Erst die außergewöhnlichen zusätzlichen Leistungen, mit denen der Gast nicht gerechnet hätte, führen zu positiven Überraschungen und am Ende zur Begeisterung über den Urlaub. Diese können im Fall von Helmut (siehe „Eine kleine Geschichte" Kasten Seite 38) zufällig entstehen oder auch bewusst durch den Reiseleiter herbeigeführt werden.

Kommen wir zurück zu den Vergleichen, die ein Kunde im Rahmen seines Urlaubs führt. Diese können basieren auf:

→ den eigenen Erfahrungen, die eine Person mit ähnlichen Leistungen gesammelt hat

→ den angegebenen Kategorisierungen (Fünf-Sterne Hotel versus Ein-Stern Gästehaus)

→ den Erwartungen, die durch positivierte Erinnerungen an frühere Zeiten (inklusive Klischees = Leben wie Gott in Frankreich) beeinflusst werden

→ den Preisen für die angebotenen Leistungen

(hoher Preis = besondere Erlebnisse und VIP-Komfort)

→ den Erwartungen, die durch selbst und fremd erstellte Informationen und Bilder entstehen

Im letzten Fall werden diese Erwartungen dadurch erzeugt, dass überwiegend mit idealisierten Bildern gearbeitet wird. Fotos zeigen ein Hotel und seine Umgebung in strahlendem Sonnenschein. Der einzige Baum wird so in Szene gesetzt, dass der Eindruck entsteht, das Hotel sei umringt von üppigem Grün. Ein Bild eines Hotelzimmers in Weitwinkelaufnahme macht aus 10 qm gefühlte 25 qm. Auch entsprechende Beschreibungen von paradiesischen Stränden, wilder Natur, Ursprünglichkeit und den gastfreundlichen Menschen in kleinen Fischerdörfern tragen zur Inszenierung eines Märchenlandes bei, das es in Wirklichkeit nicht gibt. Warum reden wir nun darüber? Du musst dir dieser Mechanismen und der Reaktionen der Kunden darauf bewusst sein, um zu sehen, wo Erwartungen vor Ort zu erfüllen sind und wo alternative Angebote zum beschriebenen Katalogtext sinnvoll sind. Aber merke: Nie zugesicherte Leistungen einer Reise einfach streichen!

Bleibt nun noch die Frage offen: Was will der Kunde eigentlich? Und warum? Leider wird man das nie ganz herausfinden können, egal wie intensiv man fragt und beob- achtet und analysiert. Warum? Weil der Kunde in vielen Fällen auch nicht genau weiß, was er will. Das Unbewusste schlägt dem Verstand ein Schnäppchen, denn im Menschen drin herrscht auch nicht immer zufriedenstellende Kommunikationspolitik. Der Verstand erfährt nicht alles, was Seele und Körper wollen.

Eine kleine Geschichte…

Hartmut ist Abteilungsleiter bei Siemens. Ein äußerst stressiger Job. Zu Hause läuft es mit den beiden pubertierenden Kindern auch nicht immer rund. Durch den neuen Job seiner Frau sehen sich die beiden in letzter Zeit nur selten. Die Freude auf den gemeinsamen Gruppenwanderurlaub (diesmal ohne Kinder) ist daher riesig groß. Alle Defizite der letzten Wochen und Monate sollen ausgeglichen werden. Es dauert nicht lange, da kommt es im Urlaub zum ersten Streit zwischen den beiden. Deren schlechte Laune bleibt der Gruppe nicht verborgen. Nörgelei am Essen, zu spät kommen am Morgen und gelegentlich offener Wortwechsel vor der Gruppe bringen das Paar schnell ins Abseits, was die Konflikte noch verstärkt. In einem behutsamen Gespräch mit dem Reiseleiter stellt sich heraus, dass Hartmuts Frau lieber einige Tage nur mit Hartmut verbracht hätte. Er hingegen wollte eigentlich mal wieder in Ruhe ein paar Tage angeln gehen. Erst jetzt bemerken beide, dass sie sich mit dem Gruppenurlaub keinen Gefallen getan haben, arrangieren sich aber mit der Situation und können sich auch wieder in die Gruppe integrieren.

Gut gemacht, Reiseleiter!

Andere Dinge sind dem Kunden zwar bewusst, diese unterliegen aber einer gewissen Geheimhaltungsstufe. Davon bekommst du als Reiseleiter eventuell vor Ort etwas mit. Ein Beispiel zeigt die folgende Geschichte, die auf einer wahren Begebenheit beruht.

Eine kleine Geschichte…

Die Reiseleiterin Hella freut sich auf ihre neue Wandergruppe, die in Kürze am Flughafen eintreffen soll. Gespannt wartet sie auf die sieben weiblichen Ankömmlinge, wie aus der Teilnehmerliste zu erkennen ist. Nach und nach treffen Rita (19), Anja (28), Melanie (37), Anne (44), Helene (53), Ursula (61) und Elfriede (70) ein. Vor allem Anja und Melanie können ihr Erstaunen kaum verbergen, als ihnen ihre Gruppenzusammensetzung bewusst wird.

„Sind das alle?", lautet die noch hoffnungsvolle Frage. Hella weiß, dass die Antwort jetzt weh tut: „Ja." Auch Rita hatte sich insgeheim jüngere Mitreisende gewünscht. Nur Ursula und Elfriede sind rundum zufrieden und stellen gleich viele Fragen zu den geplanten Wanderungen. Irgendwann am dritten Abend fragt dann Melanie vorsichtig: Sind denn oft in den Gruppen nur Frauen vertreten? Offenbar haben sich Melanie und auch Anja (beide Singles) eine gemischte Gruppe gewünscht. Dass sich beide eine Beziehung wünschen, wird in vielen kleinen Andeutungen und Gesprächen deutlich, denn die Gruppe hat sich mittlerweile gut angefreundet. Das Wetter ist gut, einige besondere Ausflüge sind aufgrund der kleinen Gruppengröße möglich, Hella ist eine gute Reiseleiterin, die kleine Geschichten erzählt und den richtigen Riecher für gute Atmosphäre hat. Am Ende der Reise sind alle Gäste rundum zufrieden, auch wenn die Hoffnung auf männliche Mitreisende nicht erfüllt wurde.

Die Einfluss nehmenden Umstände sind vielschichtig und unterliegen einer ständigen Veränderung, was die Bestimmung solcher Faktoren so schwierig macht. Nicht alles kann man von den Kunden erfahren. Da heißt es nur, aufmerksam hinhören und hinsehen und ein wenig detektivisches Geschick mitbringen, um die passenden Im- pulse zu setzen.

INFO 10: WAS SAGE ICH UND WIE KOMMT ES AN?

WISSENSWERTES ÜBER KOMMUNIKATION

VON TIM PAGALIES

„Du kannst nicht nicht kommunizieren."
(Paul Watzlawick)

Dieses wunderbare Zitat von Paul Watzlawick nutze ich gerne, um das Thema Kommunikation zu eröffnen. Weist es uns doch auf einen wesentlichen Aspekt von Kommunikation hin, der uns stets bewusst sein sollte: Wir teilen uns immer irgendwie mit. Noch viel mehr, wenn wir einer Tätigkeit nachgehen, die uns zwangsläufig in den Mittelpunkt der Aufmerksamkeit anderer Menschen rückt. Alles, was wir ausstrahlen, beinhaltet eine Aussage. Selbst, wenn wir möglichst hohe Neutralität in einer Situation anstreben und auch ausstrahlen, so transportieren wir dadurch zumindest die Aussage, dass uns dieses Thema in diesem Moment neutral sein lässt, es uns also „kaltlässt". So zumindest kann es bei unserem Gegenüber ankommen; muss es aber nicht.

Daher betrachten wir zunächst, zwischen wem Kommunikation entsteht und was unsere inneren Welten, unser Denken und Fühlen daraus machen. Anhand des vorliegenden Kommunikationsmodells wird deutlich, wie sich Sach- und Beziehungsebene in unseren Aussagen vermischen. Schau dir das Bild hierzu in Ruhe an.

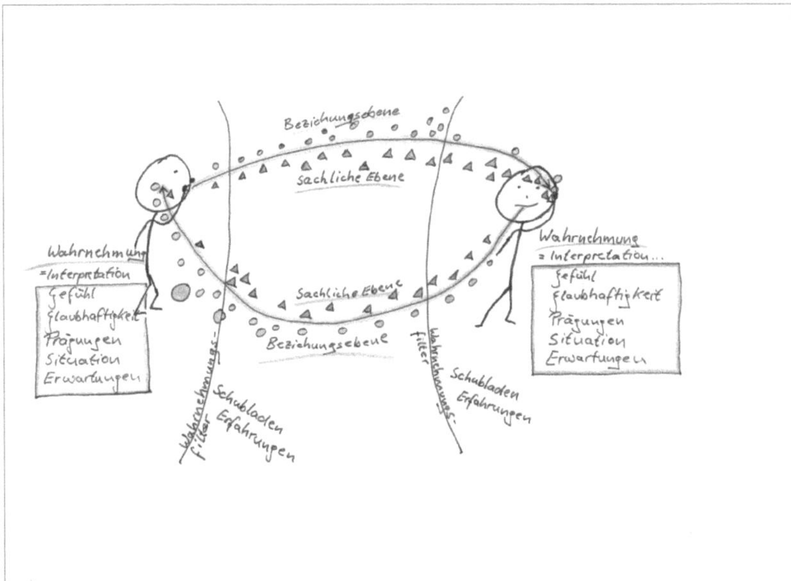

Wie hier zu erkennen ist, kommt es in der menschlichen Kommunikation in der Regel zu unterschiedlichen Interpretationen einer Aussage. Je nach individuellen Erfahrungen und den daraus entstehenden „Schubladen" oder Filtern interpretieren Menschen ein und dieselbe Aussage höchst individuell. Gut zu wissen, denn auf diese Weise kann ich viel besser verstehen, warum Menschen in einer Gruppe unterschiedlich auf mich und meine Aussage reagieren. Es kann also sein, dass die gleiche Aussage bei einer Person überwiegend als Sachinformation aufgenommen wird. Bei einer anderen Person steht dagegen eine Botschaft auf der Beziehungsebene im Vordergrund. Wie das konkret aussehen kann, soll das nun folgende Beispiel aus der Reiseleiterei verdeutlichen:

Reiseleiter:

„Ich muss Euch leider mitteilen, dass wir die für morgen geplante Wanderung an den Klippen von Moher (in Westirland) nicht durchführen können, da uns das Wetter einen Strich durch die Rechnung macht. Der Weg ist bei nassem Untergrund einfach zu gefährlich. Die Gefahr, dass jemand wegrutscht und Schlimmeres passiert, möchte und kann ich nicht verantworten. Wir werden stattdessen eine andere schöne Wanderung vorziehen, die direkt hier an unserer Unterkunft beginnt und keine Gefahr darstellt."

Was kommt nach dieser Aussage bei den einzelnen Teilnehmern an? Es folgen nun drei unterschiedliche Möglichkeiten:

Teilnehmer 1 (nennen wir sie Gudrun) denkt:

„Aha, gut. Dann weiß ich Bescheid. Habe mir auch schon gedacht, dass diese Wanderung bei dem Wetter schwierig sein könnte. Dann machen wir eben morgen eine andere Wanderung."

Teilnehmer 2 (nennen wir ihn Helmut) denkt:

„Mensch, jetzt hab ich mich so auf diese Wanderung gefreut. Der Reiseleiter denkt anscheinend, dass wir noch nie bei Regen wandern waren. Traut uns gar nichts zu. Warum denkt er eigentlich, dass er das besser beurteilen kann, als wir? Schließlich hab ich für das Programm bezahlt und bin jetzt einmal hier."

Teilnehmer 3 (nennen wir sie Helga) denkt:

„Ach das ist aber ein aufmerksamer und verantwortungsvoller Reiseleiter. Gut, dass er im Blick hat, dass uns nichts passiert. Auf meiner letzten Reise hat der Reiseleiter nicht so gut aufgepasst und prompt hatte sich jemand den Knöchel gebrochen, als er ausgerutscht ist. Und toll, dass es für morgen auch eine sichere Alternative gibt. Tolle Organisation."

Es gibt zahlreiche weitere Möglichkeiten, wie Menschen mit der Aussage des Reiseleiters umgehen können. Deutlich wird allein schon an diesen drei Reaktionen, dass wir stets mit unterschiedlichen Menschen und deren Erfahrungshintergrund zu tun haben. Nehmen wir diese Erkenntnis in unser Bewusstsein auf, können wir die unterschiedlichen Reaktionen von Teilnehmern besser verstehen und bei Klärungsbedarf entsprechend darauf eingehen.

Doch wie gehe ich mit einem Teilnehmer um, der gerade offensichtlich ein Problem mit meiner Aussage hat (wie hier beispielsweise Helmut), es aber nicht klar äußert? Wie realisiere ich überhaupt eine „Störung“ mit einem Teilnehmer?

Hierfür nehmen wir nochmals das Zitat von Paul Watzlawik zur Hand: „Man kann nicht nicht kommunizieren“. Diese Aussage umfasst zwei Arten der Kommunikation: die verbale und die non-verbale Kommunikation. Non-verbal kommunizieren bedeutet, etwas durch den Körper (Gestik, Mimik, Körperhaltung) auszudrücken (bewusst und unbewusst ist das möglich).

Es gibt viele Situationen, in denen Menschen mir nicht offen sagen, was gerade in ihnen vorgeht. Um allerdings trotz der fehlenden Worte mehr Informationen darüber zu haben, wie es ihnen geht, kann ich mir genauer anschauen, was der Körper der anderen Person “spricht“. Es lohnt sich, auf folgende Signale zu achten:

→ Schaut mich die Person an oder nicht? Also kann die Person Augenkontakt aufnehmen?

Wenn mich die Person längere Zeit nicht anguckt, gibt es offensichtlich einen Grund dafür. Mögliche Ursachen sind: kein Interesse an meiner Aussage, ein Problem mit meiner Aussage, ein Problem mit meiner Ausstrahlung, eigene Unsicherheit der Person.

→ Was sagt mir der Gesichtsausdruck meines Gegenübers?

Ist es ein offener, fröhlicher und zugewandter Ausdruck, scheinen meine Aussage und mein Auftreten positiv anzukommen.

Strahlt eine Person eher Missverständnis, Ablehnung oder gar Aggression aus, könnte das mit meinem Auftreten, meiner Informationsvermittlung oder der Information selbst zu tun haben. Hier lohnt es sich, weiter nachzufragen und auf diese Weise Feedback einzufordern.

→ Wirkt die Person unruhig?

Dies zeigt sich beispielsweise in schnellen, hektischen Bewegungen (Hände, Füße) oder in einem unruhigen, nervösen Gesichtsausdruck.

Sichtbare Unruhe ist immer ein Zeichen von Unwohlsein. Das kann natürlich viele Ursachen haben. Legt sich diese Unruhe nicht, sollte man sich einen ruhigen Moment suchen, um diese

Person unter vier Augen zu fragen, wie es ihr geht und ob sie mit allem zufrieden ist. So hat die Person die Möglichkeit über ihr Unwohlsein zu sprechen.

Extra Info!

Aber merke dir: Du bist Reiseleiter und kein Therapeut (zumindest nicht auf dieser Reise)! Also rede offen darüber, was im Rahmen der Reiseleitung machbar ist und was wiederum eine persönliche Angelegenheit der/des Teilnehmer/s ist.

→ Ist die Körperhaltung eher zugewandt oder verschlossen?

Letzteres signalisieren z.B. verschränkte Arme oder wenn eine Person sich von mir abwendet.

Eine geschlossene und verschränkte oder abgewandte Körperhaltung bietet vielen Menschen Sicherheit. Unsichere Personen werden dir daher nie mit einer offenen und klaren Körperhaltung begegnen. Gleichzeitig sind es nonverbale Botschaften, in denen auch Ablehnung enthalten sein kann. Daher solltest du darauf achten und bei der Person nachfragen, wenn du dir nicht sicher bist. Eine Frage wie „Ist alles in Ordnung oder könnte etwas besser sein?“ lässt der Person alle Möglichkeiten offen, dir ein ehrliches Feedback zu geben.

Extra Info!

VORSICHT! Mach dir bewusst, dass die Ausstrahlung einer Person immer eine Aussage über ihre innere Verfassung enthält, dass das aber nicht unbedingt mit dir zu tun haben muss! Projiziere also nicht alles auf Dich, sondern frage nach. Am besten unter vier Augen, um die Person nicht vor der Gruppe „vorzuführen“. Auch sind deine Beobachtungen niemals zuverlässige Angaben über die innere Verfassung eines Menschen. Sie sind lediglich Hinweise auf Störungsquellen. Vermeide also Schubladendenken und frage lieber einmal mehr nach, um die wirkliche Ursache einer Störung zu erfahren!

Der nächste Schritt ist dann, mit den Personen, die möglicherweise ein Problem mit sich herumtragen, behutsam Kontakt aufzunehmen und nachzufragen. Denn grundsätzlich gilt immer: Je früher ich eine potentielle Störungsquelle aufgespürt habe, umso größer sind meine Möglichkeiten, mit wenig Aufwand wieder für eine gute Stimmung zu sorgen. Manchmal reicht dazu schon ein kurzes verständnisvolles Gespräch unter vier Augen. Auch wenn es in vielen Situationen für die Person selber keine 100%ig zufriedenstellende Lösung gibt, fühlt sie sich zumindest ernst genom- men und weiß, dass ich mich um sie kümmere. Und das ist oft viel mehr wert, als die tatsächliche Lösung. Hier ein Beispiel:

Reiseleiter: „Hallo Dagmar, ich hatte gerade den Eindruck, dass dir irgendwas missfallen hat. Ist das richtig oder ist mein Eindruck falsch?“

Dagmar: „Nein, das hast du schon richtig beobachtet."

Reiseleiter: „Ok. Möchtest du mir dazu etwas sagen? Kann ich daran etwas ändern?"

Dagmar: „Ehrlich gesagt hat es nichts mit der Besprechung gerade zu tun. Es nervt mich, dass mein Zimmer zu klein ist. Das hatte ich mir anders vorgestellt. Gestern, als wir hier angekommen sind, ist mir ganz schön die Decke auf den Kopf gefallen."

Reiseleiter: „Ok. Gut, dass du es ansprichst, Dagmar. Denn eventuell kann man das schnell ändern. Ich werde gleich mit der Hotelleitung sprechen, ob es ein alternatives Zimmer gibt, das du heute noch beziehen kannst. Ich kann nichts versprechen, da Hochsaison ist. Aber ich werde mein Möglichstes versuchen!"

Dagmar: „Das hört sich gut an. Danke, dass du Dich darum kümmerst."

Zwei extra Infos!:

Die eigenen Beobachtungen nie als Fakt, sondern als offene Frage formulieren! Dann fühlt sich eine Person nicht „festgenagelt", sondern kann selbst entscheiden, ob sie das Thema anspricht.

Wichtig ist es, mit Verständnis für ein Anliegen zu reagieren und die vorhandenen Möglichkeiten offen anzusprechen bzw. anzubieten. Es hilft nichts, Versprechen zu machen, die man nicht einhalten kann. Solche Enttäuschungen wiegen umso schwerer, da sie zeigen, dass ein Reiseleiter seine Möglichkeiten nicht realistisch einschätzen kann. Das wirkt unprofessionell.

Ein weiterer Baustein für eine erfolgreiche Arbeit mit Gruppen ist Authentizität. Doch wie stelle ich sicher, dass ich authentisch bin? Was ist überhaupt Authentizität? Es lohnt sich sehr, diesen Begriff einmal genauer unter die Lupe zu nehmen. Er wird oft missverstanden oder nicht in seiner Tiefe gesehen. „Das griechische Wort für Authentizität (‚authentikós') setzt sich aus den Worten ‚autos' (‚selbst') und ‚ontos' (‚seiend') zusammen und kann somit als ‚selbstseiend' übersetzt werden (Kaegi, 1962). Authentisch zu sein bedeutet gemäß seinem wahren Selbst, d.h. seinen Gedanken, Emotionen, Bedürfnissen, Vorlieben und Überzeugungen zu handeln und sich dementsprechend auszudrücken." (Harter, 2002, S. 382)."

Also geht es um ein Handeln aus dem eigenen Selbstverständnis heraus. Immer dann, wenn ich keine künstliche Rolle spiele, sondern meinen eigenen Bezug zum Thema (z. B. zur Reise/zum geschichtlichen Hintergrund/zur Natur) zeige, gebe ich den Menschen etwas von mir persönlich preis. Ich vermittle den Menschen meine Motivation und Begeisterung. Und das ist „ansteckend". So kann ich Menschen packen und sie in meine Gedanken- und Gefühlswelten entführen. Kenne ich Geschichten, die zu einem Ort passen, kann ich daraus eine schöne Erzählung machen. So was mögen die Gäste, denn sie haben sich in der Regel bewusst für eine geleitete Reise entschieden, mit einem „Experten", der über Insiderwissen verfügt.

Bezogen auf das, was ich ausstrahle, bedeutet Authentizität zudem, dass meine Körpersprache mit dem übereinstimmt, was ich gerade sage. Immer dann, wenn ich körperlich etwas anderes signalisiere, als das, was ich gerade verbal von mir gebe, treten Kommunikationsstörungen auf und das merken die Gäste. Wenn ich beispielsweise als Reiseleiter eine spannende Geschichte zu einem Ort erzähle, dabei gleichzeitig einen gelangweilten Blick aufsetze, wird diese Geschichte es schwer haben, bei den Teilnehmern positiv anzukommen. Ich sollte also ausstrahlen, was ich vermittle. Und dazu gehören neben dem Körperausdruck auch die Stimme und meine Mimik. Geschichten werden umso spannender, wenn der Erzähler als ein Teil der Geschichte auftreten kann.

Extra Info!

Je mehr ich das verkörpere, was ich sage, umso authentischer wirkt es. Lass deiner Kreativität freien Lauf. Manchmal kann dir auch eine kleine Kostümierung (ein Hut o.Ä.) helfen, in kleine Rollen zu schlüpfen.

Authentizität kommt allerdings bei der Reiseleitung an Grenzen, wenn es beispielsweise um organisatorische oder rechtliche Schritte geht. Natürlich vertrete ich ein Unternehmen, welches einen gewissen Rahmen hält, um Standards in puncto Qualität und Sicherheit zu gewährleisten. Somit kann ich nicht immer tun, was mir gerade einfällt. Auch wenn es vielleicht zunächst für bessere Stimmung sorgen würde. Ich habe die Verantwortung immer den weiteren Verlauf der Reise und die möglichen „Stolpersteine" im Blick zu halten. Daher sollte ich jederzeit überprüfen, ob meine spontane Idee mit den Grundsätzen meines Reiseunternehmens übereinstimmt.

INFO 11: EMOTIONALE ANGRIFFE

WIE KANN ICH MICH SCHÜTZEN?

Reiseleitung zu sein bedeutet immer, etwas von sich selbst preiszugeben. Erst dann wird die Reise mit deiner Person zum authentischen Erlebnis für deine Gäste. Wenn du aber Emotionen in die Reise hinein gibst, dich damit vielleicht sogar identifizierst, dann bist du auch leichter angreifbar. Es besteht also viel eher die Gefahr, dass Dich das negative Verhalten einzelner Gäste, Kritik und Schwierigkeiten persönlich treffen. Vor allem in direkten Gesprächen ist es daher wichtig, dass du dich gegen persönliche Angriffe schützt. Vier Möglichkeiten möchte ich dir hier aufzeigen.

Rückzug: Manche Menschen verstehen Selbstschutz so, dass sie sich emotional von ihrem Gegenüber distanzieren. Sie ziehen sich (bildlich gesprochen) in ihr Schneckenhaus zurück. Ihr Schutz ist dann ein kühles, scheinbar emotionsloses Auftreten. Meist geht dies mit Schweigen einher. Manchmal entfernen sie sich aus der Situation, indem sie das Thema wechseln oder gar wirklich weglaufen. Dieses Verhalten schützt sicher in dem Moment, in dem dich ein emotionaler Angriff überrascht bzw. du mit diesem nicht gut umgehen kannst. Es ist eine kurzfristige Notfallhandlung, sozusagen.

Allerdings wird dein Gegenüber mit seinen Emotionen dabei „allein" gelassen. Die Situation (der Konflikt) kann auf diese Weise nicht aufgelöst werden. Dein Gegenüber bleibt mit seinem „Problem" zurück, fühlt sich vielleicht nicht ernst genommen oder achtlos behandelt. Mit diesem Verhalten kannst du unter Umständen den Unmut bei deinem Gegenüber noch verstärken. Zu einem späteren Zeitpunkt kann dies dann in gesteigerter Form auf Dich zurückfallen. Wenn du Dich für den Rückzug entschieden hast, ist es daher immer wichtig, zu einem späteren Zeitpunkt erneut auf die betreffende Person zuzugehen und die Situation (dann vorbereitet) anzusprechen. Dein Bestreben als Reiseleiter sollte es sein, schwierige Situationen aufzulösen, ein akzeptables Miteinander zu finden, Harmonie zu schaffen.

Durchlässig bleiben: Mit ein wenig Übung kannst du in einer anderen Art und Weise auf emotionale Angriffe reagieren. Lass die Informationen deines Gegenübers einfach durch Dich hindurchströmen.

Das, was Dich emotional (durch ein bestimmtes Verhalten eines anderen Menschen) treffen kann, ist im Grunde genommen „nur" **Information**. Diese Information besteht aus Körpersprache, Worten und der Art und Weise, wie diese Worte ausgesprochen werden. Die Informationen lösen bei dir dann Emotionen aus, indem du sie bewertest. Emotionen wie Angst oder Wut kannst du in deinem Körper wahrnehmen. Manchmal führt dies zu Reaktionen, zum Beispiel indem du auf das Gesagte rechtfertigend antwortest oder gar zum Gegenangriff übergehst. Damit wird aus einer Information eine Aktion. Am Anfang steht jedoch nicht die Aktion, sondern die Information. Auf sie folgt deine mehr oder weniger bewusste Bewertung und die Geschichte, die du dann daraus machst.

Grundsätzlich ist es hilfreich, die Bewertungen von Personen und des Gesagten möglichst zu unterbinden. Z.B. ist man schnell mit Urteilen wie „Das ist wieder ein Nörgler" zur Stelle. Alle Aussagen, die diese Person dann macht, laufen unbewusst durch diesen Filter „Nörgler".

Dein Verhalten wird sich dementsprechend anpassen. Ein Filter hält immer etwas zurück, nimmt etwas auf. In unserem Fall sind das Informationen, die sich festsetzen und – durch die meist unbewusst vorgenommene Bewertung – eine bestimmte Wirkung haben, z.B. eine Emotion auslösen. Wenn du Bewertungen reduzierst, dann können die Informationen einfach durch Dich hindurchströmen. Sie werden nicht festgehalten und können demnach auch keine Emotionen auslösen.

Extra Info!

Ein Beispiel – Energievampire: Andere Menschen klagen dir manchmal ihr Leid in langen Monologen. Sie reden und reden und reden. Damit saugen sie Energie aus dir heraus. Vor diesen Energievampiren kannst Du Dich schützen, indem Du die Vorstellung von Durchlässigkeit in dir aktivierst. Stell dir vor, alle Fenster und Türen sind weit offen. Alle Informationen, die irgendwo hineinkommen, gelangen gleich wieder an einer anderen Stelle hinaus. Alles was sich irgendwo in einer Ecke verfangen hat, das trägst Du ohne Bewertung einfach in Gedanken wieder aus deinem inneren Haus hinaus. Erst wenn Du beginnst, diese Aussagen festzuhalten, dir darüber Gedanken zu machen, Dich darüber aufzuregen, dann bleiben sie in deinem Körper und beginnen in deinem Kopf zu kreisen. Das raubt dir dann Energie. Also je durchlässiger Du für Informationen sein kannst, die keine Bedeutung für Dich haben, umso weniger anstrengend ist eine Konversation mit einem Energievampir für Dich.

Präsent sein: Dir ist vielleicht schon einmal aufgefallen, dass man manchen Menschen schwer böse sein kann. Auch ist die Bereitschaft, mit diesen Menschen in einen Konflikt zu gehen, irgendwie gering. Selbst wenn man ihnen mit Unmut begegnet, schaffen sie es, diesen auszugleichen. Man selbst ist dann nicht von dem Gedanken getrieben, eine Diskussion weiterführen zu müssen. Warum ist das so?

Es ist möglich, durch Präsenz der negativen Energie einer anderen Person entgegen zu wirken. Wenn eine Person ihren Unmut auf Dich übertragen will (laut wird, wütend ist), dann kannst du mit ruhigem, aber bestimmtem Auftreten eine Art Gegenenergie erzeugen. Dafür musst du deine eigenen Grenzen gut kennen und gewillt sein, diese zu schützen. Wenn ein Gast beispielsweise sehr fordernd verlangt, dass du auf der Stelle etwas zu Essen besorgst, dann kannst du ein klares NEIN formulieren und auf ein achtsames Miteinander hinweisen. Klare Aussagen, ein ruhiges und entschlossenes Auftreten sind hierbei wichtig. Ein Gegenangriff hilft nicht weiter. Ist deine innere Haltung klar, wenn es um das Miteinander in der Gruppe geht, um Respekt, um Gleichheit aller Menschen, dann fällt es dir leichter, dies nach außen zu repräsentieren.

Sei dir bewusst, dass dein Gegenüber in seiner Emotion einen Widerstand benötigt. Dieser Widerstand ist deine Entschlossenheit, deine Klarheit darin, wie ein Miteinander erfolgen soll. Wenn du zurück weichst, indem du zum Beispiel nicht auf einen Angriff reagierst, erzeugst du oft genau das Gegenteil: der Angriff wird stärker. Du bietest dann keine „feste Wand" (zum Abstützen), sondern eine „Gummi- wand", die immer wieder nachgibt, wenn sich dein Gegenüber daran lehnt (bildlich gesprochen). Das erzeugt dann weiteren Unmut und eskaliert den Konflikt unter Umständen.

Sich auf eine emotional herausfordernde Situation vorbereiten: Wenn du nun in ein Gespräch hineingehen musst, das für Dich emotional herausfordernd ist, dann hilft es, sich darauf vorzubereiten. Dafür musst du Dich bei dir selbst „einchecken" (wie das Psychologen umgangssprachlich manchmal benennen). Nimm dir hierfür ein wenig Zeit, etwa 5-10 Minuten. Setze oder stelle Dich an einen ruhigen Ort und beobachte Dich innerlich selbst:

→ Wie geht es dir gerade?

→ Bist du selbst angespannt?

→ Fühlst du Dich gestresst, weil noch viele Aufgaben auf Dich warten?

→ Bist du auf eine andere Sache selbst wütend, über etwas traurig oder zweifelst an etwas?

→ Beobachte es einfach und mache dir damit bewusst, was bei dir gerade da ist. Akzeptiere das, was da ist.

→ Versuche Dich selbst in den jetzigen Moment zu bringen. Sei präsent im Hier und Jetzt. Mach dir bewusst, dass du jetzt nur hier an diesem Ort sein kannst.

→ Nimm wahr, was um Dich herum geschieht. Was siehst du? Beobachte alles, was da ist, das bringt Dich unweigerlich zum jetzigen Moment, lässt Dich präsent sein.

→ Lass deine Gedanken ziehen. Lass sie kommen und wieder gehen. Halte sie nicht fest, indem du einen Gedanken weiter denkst.

→ Fokussiere Dich auf die nächste Aufgabe, eben dein das anstehende Gespräch.

→ Beobachte, ob und wenn ja, welche Vorurteile du gegenüber der Person hast, der du nun gegenüber triffst. Mach es dir bewusst, das reicht an der Stelle aus.

→ Atme dreimal tief ein und aus. Dabei ist das Ausatmen wichtiger als das Einatmen. Presse alle Luft aus dir heraus. Mache Dich so zu sagen leer.

→ Nun stellst du dir vor, dass du in deinem inneren Haus alle Türen und Fenster öffnest. Mach dich durchlässig.

→ Sei darüber hinaus bereit, deine Grenzen zu schützen. Mach dir deine Präsenz bewusst. Richte Dich innerlich auf, indem du deinen Körper aufrichtest.

Nun gehst du langsam, präsent und achtsam in das Gespräch. Stell dir vor, dass du in dir selbst ruhst, mit dir verbunden bist. Bildlich gesprochen: Das Gespräch und das Gegenüber finden außerhalb deines inneren Hauses statt. Was auch immer dort geschieht, es wird im Außen bleiben. Das ist dein Ziel.

Dann kann das Gespräch beginnen. Sprich langsam. Lass nicht zu, dass sich die Konversation beschleunigt. Achte darauf, dass du immer zu 50% bei dir selbst bleibst, mit dir selbst verbunden bist. Du merkst, wenn Dich etwas emotional berührt, dass du zu sehr bei der anderen Person bist, dass du an ihren Informationen festhältst. Lasse sie los und kehre gedanklich wieder zu dir selbst zurück. Erst dann sprich weiter. Das wirkt erst einmal seltsam, hilft dir aber sehr, in Konflikten zu bestehen.

INFO 12: UND WAS JETZT?

REISELEITERKOMMUNIKATION IN AUSGEWÄHLTEN SITUATIONEN.

Eine offene Kommunikation zwischen Reiseleiter, Planungsteam und Reiseunternehmen ist unerlässlich, um auftretende Störungen so schnell wie möglich zu beseitigen – seien es Probleme technischer, organisatorischer oder auch menschlicher Natur. Natürlich besteht nicht immer die Möglichkeit einer ausführlichen Besprechung. Oft ist der Reiseleiter auf den Touren auf sich allein gestellt. Aus diesem Grund ist es wichtig, alle möglichen Kommunikationskanäle sinnvoll zu nutzen. Manchmal ist ein Anruf besser als eine SMS oder eine E-Mail. Manchmal ist ein alternativer Message-Dienst in Form einer App hilfreich. Dieser zeigt oft an, wann wer online und ob deine Nachricht beim Gegenüber angekommen ist und gelesen wurde. Diese Transparenz möchte man im privaten Umfeld nicht haben. Hier ist es jedoch eine große Hilfe, wenn es um effiziente und schnelle Kommunikation geht.

Kommunikationswege in besonderen Situationen: Vor allem für besondere Situationen ist es wichtig, Kommunikationswege festzulegen und diese dann auch einzuhalten. In der Checkliste 2 „Kommunikationsschema" findest du eine Orientierung, wenn es um wichtige Ereignisse und mögliche Kommunikationswege geht. Diese

Vorschläge beruhen auf den Erfahrungen vieler Akteure kleiner und mittelständischer Reiseveranstalter. Grundsätzlich lassen sich vier außergewöhnliche Situationen unterscheiden, für die festgelegte Kommunikationswege bestehen sollten:

→ maßgebliche Programmänderungen

→ Beschwerde/Reklamation (siehe auch Info 14)

→ Probleme mit einem Gast

→ Notfall/Unfall (Achtung! Bei schweren Vorfällen, mit Verletzten oder Toten, läuft die Kommunikation nach außen - Presse, Rundfunk, Fernsehen - ausschließlich über die Geschäftsführung des Unternehmens - siehe auch *Info 28)*

Darüber hinaus solltest du (je nach Vereinbarung mit dem Reiseunternehmen) regelmäßig eine kurze Rückmeldung zum Reiseverlauf geben. Im Kommunikations- schema wird davon ausgegangen, dass dein Reiseunternehmen von dir einen Reisebericht verlangt. Wenn dem nicht so ist, kannst du die schriftlichen Informationen, die dort zusammengefasst werden sollen, in einer E-Mail niederschreiben.

Störende Gäste – Was tun?: Die meisten Gäste in den Reisegruppen sind sehr nett und umgänglich. Vereinzelt kommt es aber vor, dass ein Gast sich nicht in das Gruppengeschehen integrieren will. Dies herauszufinden ist eine Fähigkeit, die du als Reiseleiter haben solltest. Probleme, die mit einem Gast auftreten können sind:

→ Lästern über andere Gäste

→ Konflikte mit anderen Gästen, deine Kollegen, Leistungsträgern, Einheimischen

→ wiederholtes Zuspätkommen

→ Nörgelei und übertriebene Empörung bei Kleinigkeiten

→ Gefährdung anderer Gäste durch das eigene Verhalten (z.B. Missachtung von Anweisungen des Reiseleiters bei schwierigen Wanderungen)

→ rassistische Äußerungen in der Gruppe

Bei solchem und ähnlichem Verhalten musst du als Reiseleiter reagieren. Vor allem dann, wenn ein Fehlverhalten vor der Gruppe stattfindet und die Gruppe weiß, dass du dies mitbekommen hast. Reagierst du hier nicht, dann tolerierst du dieses Verhalten, so nimmt es zumindest die Gruppe wahr.

In den folgenden fünf Schritten findest du eine Orientierung für den Umgang mit schwierigen Gästen. Mach dir im Vorfeld deiner Reisen bewusst, dass es zu Konfliktsituationen auf einer Reise kommen kann. Bereite dich darauf vor, indem du vor Beginn der Reise diesen Abschnitt nochmals liest und die Inhalte sowie die fünf Schritte präsent hast; vor allem wenn deine Reisen über einen längeren Zeitraum gehen (3-4 Wochen) oder die Herausforderungen für deine Gäste hoch sind (z.B. bei einer Wildnis-Safari mit Zeltunterkunft und Selbstversorgung). Halte zusätzlich Rücksprache mit deinem Reiseunternehmen, um zu klären, ob das hier vorgeschlagene Vorgehen mitgetragen wird bzw. ob es hierzu Ergänzungen gibt. Wie gehst du nun grundsätzlich vor, wenn du erkennst, dass Gäste Schwierigkeiten bereiten? Dein Ziel ist es, für die Gruppe und alle Beteiligten eine akzeptable Lösung zu finden.

Schritt 1: Das Fehlverhalten selbst beobachtest du, greifst aber noch nicht ein. Es ist wichtig, sich als Reiseleiter zunächst mit der Situation auseinanderzusetzen und nicht spontan und emotional darauf zu reagieren.

Schritt 2: Etwas zeitversetzt (z.B. während der gemeinsamen Besprechung am nächsten Tag) erklärst du vor der gesamten Gruppe nochmals (oder erstmals) Regeln, die für die gemeinsame Reisezeit gelten sollen. Bringe diese Regeln mit der Reisephilosophie des

Reiseunternehmens in Verbindung, damit deren Gültigkeit nicht nur an dir festgemacht wird. Diese Regeln umfassen das konkrete Fehlverhalten, sprechen den Einzelfall aber nicht an. Damit signalisierst du der Gruppe, dass du das Problemverhalten erkannt hast. Auch wird deutlich, dass ein solches Verhalten nicht im Sinne deines Reiseunternehmens ist und du bereit bist, dagegen vorzugehen.

Schritt 3: Ändert die betreffende Person ihr Verhalten nicht, dann musst du das persönliche Gespräch mit diesem Gast suchen! Folge hierbei dem Ablauf eines Beschwerdegesprächs (siehe Info 14). Bereits hier ist es notwendig, das weitere Vorgehen (Schritte 4 und 5) anzudeuten und den Gast auf mögliche Folgen hinzuweisen.

Schritt 4: Zeigt der Gast noch immer keine Veränderung in seinem Verhalten, dann bittest du ihn erneut zu einem kurzen persönlichen Gespräch. Hier machst du nur kurz die wichtigsten Fakten deutlich. Z.B. erklärst du, dass sein Verhalten:

→ die Gruppenharmonie stört

→ rechtlich einen Reisemangel für die anderen Gäste darstellt und du wie auch dein Reiseunternehmen deren Urlaubsfreude schützen werdet

→ die Sicherheit der anderen Gäste gefährdet

Dann sprichst du eine mündliche Verwarnung aus und erläuterst das weitere Vorgehen, falls sich nichts am Verhalten des Gastes ändert (Schritt 5). Zu diesem Gespräch machst du dir eine Gesprächsnotiz, mit Datum und kurzer Inhaltsangabe. Teile diese Situation umgehend dem Reiseunternehmen mit. Das weitere Vorgehen erfolgt dann in enger Absprache und auf Anweisung des Reiseunternehmens. Manchmal wird dem Gast hier bereits eine schriftliche Abmahnung erteilt.

Schritt 5: Die weitere Teilnahme eines Gastes an der Gruppenreise ist ggf. nicht mehr tragbar, wenn nach der schriftlichen Abmahnung wiederholt die gleichen Verhaltensprobleme auftreten oder folgende Dinge vorgefallen sind:

→ ein Gast bestiehlt andere Gäste

→ ein Gast greift andere Menschen tätlich an

→ ein Gast zeigt aggressives, rassistisches oder pädophiles Verhalten gegenüber anderen Menschen

Nun könnte das Reiseunternehmen dieser Person fristlos den Reisevertrag kündigen, wenn dies in den AGBs des Unternehmens verankert wurde. Ob die Rahmenbedingungen hierfür gegeben sind und wie das dann erfolgt, wird dir das Reiseunternehmen sagen.

Viele Reiseveranstalter sehen diese außerordentliche Kündigung vor. Jedoch ist zu beachten, dass der Ausschluss des Gastes nur dort umsetzbar ist, wo die gegebene Infrastruktur das eigenständige Fortkommen gestattet (eine Stadt, ein Hotel, ein Bahnhof oder Flughafen). Auch muss der Reisegast volljährig und im Vollbesitz seiner geistigen und physischen Kräfte sein. Leistet der Gast Widerstand, dann holst du Hilfe bei der örtlichen Polizei (ggf. der deutschen Botschaft im Reiseland). Ein gewaltsames Entfernen des Gastes oder ein Festhalten gegen dessen Willen durch deine Person oder andere Gäste der Gruppe ist nicht gestattet.

Kleine Missgeschicke und kleine Gesten: Weicht eine Situation vom geplanten Ablauf ab, entsteht für die Gruppe meist eine zeitliche Verzögerung. Bei langen Wartezeiten und kleinen Missgeschicken könntest du selbst entscheiden, ob eine Geste der Entschuldigung (z.B. ein Getränk ausgeben) angebracht ist. Dafür muss aber klar sein, welche Entscheidungskompetenz das Reiseunternehmen dir übertragen hat. Meist steht dem Reiseleiter ein Budget (z.B. € 100 je Reise) zur Verfügung, über das er ohne Rücksprache im Sinne der Kundenzufriedenheit entscheiden kann. Sprich dies vor Reisebeginn mit dem Reiseunternehmen ab.

Kommuniziere die kleine Geste der Entschuldigung nicht als Entschädigung oder Kompensation eines Reisemangels, sondern als zusätzliche Leistung der Reise. Mache dir klar, dass du eine Entscheidung im Sinne des Kunden und im Sinne des Reiseveranstalters treffen musst. Keine leichte Sache. Daher hier ein paar Beispiele, die Dich für dieses Thema sensibilisieren sollen:

Eine kleine Geste (z.B. Drink) ist gerechtfertigt, wenn...

- grundsätzliche Zeitverzögerungen ab 1 Std. entstehen: z.B. Check-in oder Fahrzeugdefekte
- ein local guide sich verzögert/ausfällt und die Aktivität dann verkürzt werden muss
- spontane Planänderungen (Zeitverzögerung durch langen Umweg) entstehen
- du ungeplant die Gruppe allein lassen musst, um etwas Unvorhergesehenes zu organisieren
- ein Gast auf der Reise Geburtstag hat (z.B. Blumenstrauß für den Gast); nicht für die gesamte Gruppe

Zusätzliche Ausgaben sind nicht gerechtfertigt, wenn...

- schlechtes Wetter zu Änderungen der Routenverläufe führt
- ein Gast nicht mehr weiter kann (erschöpft, gestürzt) und sich die Planung ändert
- Einzelne in der Gruppe für Unruhe sorgen (Nörgler, Zuspätkommer)
- Einzelne die Anforderungen der Reise aus persönlichen Gründen nicht erfüllen (Kondition fehlt)
- an Feiertagen, die Geschäfte in einer Stadt geschlossen haben und die Gäste nur eingeschränkt Shopping betreiben können

Informierende und motivierende Kommunikation: Die folgenden Punkte geben dir eine Orientierung an die Hand, wenn es darum geht, deine Gruppe gut zu informieren und in einzelnen Situationen motivierend auf sie einzuwirken. Grundsätzlich kannst du das „Wir-Gefühl“ stärken, indem du gemeinsam erlebte Situationen als Herausforderung für die gesamte Gruppe kommunizierst. Sprich über Erfolge immer in der „Wir“-Form. Eine Situation, die sich zunächst als Problem anfühlt, kann auf diese Weise manchmal in ein spontanes Abenteuer umgewandelt werden.

Vorbesprechungen zum Ablauf des nächsten Tages solltest du unbedingt abhalten. Ein guter Zeitpunkt ist nach dem Abendessen gegeben. Alternativ wäre es kurz vor oder bei der Ankunft der Gruppe an der Unterkunft möglich (vor allem dann, wenn der Abend individuell gestaltet wird). Zunächst lässt du den vergangenen Tag kurz Revue passieren. Sind Dinge nicht optimal gelaufen, dann ist hier die nötige Ruhe und Muße gegeben, dies nochmals zu besprechen, zu begründen und Verbesserungen herauszustellen (z.B. Pünktlichkeit, unterschiedliche Wanderniveaus).

Die Vorstellung des nächsten Tages erfolgt grundsätzlich mit Landkarten (Überblick und Details). Aktivitäten beschreibst du ganz realistisch (damit die mentale Einstellung stimmt). Wanderzeiten, Höhenmeter, schwierige Strecken, Fahrtzeiten und -strecken werden benannt. Die benötigte Ausrüstung und Kleidung für den Tag zählst du auf.

Weiter triffst du möglichst präzise Aussagen zum Zeitplan. Wo könnte es ein wenig eng werden? Wo hat die Gruppe Zeit zum Entspannen? Der Ablauf zur Vorbereitung (wenn nötig) und Einnahme der Mahlzeiten wird von dir erläutert und ggf. benennst du Aufgabenteams. Zum Schluss gibst du der Gruppe die Möglichkeit, Fragen zu stellen. Dann löst du diese „offizielle“ Runde auf, stehst aber noch für mögliche persönliche Fragen zur Verfügung.

Berufe: Im Urlaub sind alle Reisenden in erster Linie als „Mensch“ unterwegs. Titel, Berufe und Positionen verführen eher zu

Schubladendenken. Jeder Teilnehmer ist zunächst eine individuelle Persönlichkeit und nicht „Rollenspieler" seines Berufs- und Alltagslebens. Am Anfang einer Reise kannst du daher der Gruppe folgenden Vorschlag unterbreiten: Berufe, Arbeitsaufgaben und Titel werden erst gegen Ende der Reise verraten. So werden Vorurteile und Berührungsängste vermieden.

„Schlechtes" Wetter: Schaffe ein Bewusstsein für die Naturzusammenhänge, z.B.: Vegetation und Niederschlag. Sind die Gäste offen für die Reize des Wetters (z.B. optische Eindrücke durch Nebel oder der Geruch des Waldes), dann ist auch „schwieriges" Wetter interessant. Auch ist es faszinierend, die Machtlosigkeit (gerade des modernen Menschen) gegenüber den Naturgewalten zu erfahren. Manchmal schaffst du es auch, bei den Gästen den Ehrgeiz zu wecken, die Herausforderung der Natur anzunehmen: „Bei schönem Wetter kann das jeder!"

Mentale Einstellung der Gäste: Manche Menschen treten ihre Reisen mit falschen Vorstellungen an. Vor allem wenn es um Reisen in die Wildnis geht, die mit physischen Herausforderungen verbunden sind. In einem Naturfilm schaut die Landschaft Sibiriens bei Sonnenschein halt so aus, wie Urlaub im eigenen Garten. Da war keine Rede vom Schweißgeruch in der Gemeinschaftsunterkunft, Klappspaten-WC im Wald und den vielen Mücken. Deshalb solltest du am Anfang der Reise die Erwartungen ausloten.

Auch ist es ratsam, vorab nicht zu viel zu versprechen, sondern nur das, was ganz sicher gehalten werden kann. Z.B. nicht *„Wir sehen Bären"*, sondern *„Wenn wir Glück haben, werden wir Bären beobachten können"*. Schaffst du es, deine Gäste auf das nicht Offensichtliche (z.B. Erleben mit allen Sinnen) zu lenken, dann nimmt dir das auch den Stress, immer etwas Spektakuläres präsentieren zu müssen.

INFO 13: ZUSAMMEN UNTERWEGS SEIN

WIE GESTALTE ICH EINE GUTE GÄSTEBEZIEHUNG?

Ein Reiseleiter lernt seine Gäste in kurzer Zeit auf eine sehr intensive Weise kennen. Im Reiseunternehmen selbst wird diese Intensität nur in seltensten Fällen erreicht und auch nur über viele Jahre. Bei Reisegruppen bewegst du Dich als Reiseleiter zudem auf zwei unterschiedlichen Beziehungsebenen: in der Gruppenbeziehung und in der Einzelbeziehung zu den Gästen.

Gruppenbeziehungen sind geprägt von gruppendynamischen Prozessen, die sich im Laufe einer Gruppenreise vollziehen. Ein Modell unterscheidet hier drei Phasen: Orientierungsphase, Konfliktphase und Zusammengehörigkeitsphase.

In der Orientierungsphase geht es um das Kennenlernen aller Akteure untereinander. Oft stehen hier Verunsicherung, Ängste und damit verbunden Zurückhaltung im Vordergrund. Der Reiseleiter muss in dieser Phase aktiv werden, ein Gefühl der Sicherheit erzeugen, Wertschätzung geben. Zum Beispiel kann dies durch Informationen erfolgen, die der Gruppe zur Reise gegeben werden (Begrüßungsgespräch). Auch die gezielte Ansprache Einzelner kann das Eis brechen.

Da in Reisegruppen das Zusammenleben recht eng ist und die Teilnehmer oft schon reiseerfahren sind, wird die erste Phase schnell von der zweiten, der Konfliktphase abgelöst. Es gibt Gruppen, die kommen innerhalb eines 10-tägigen Urlaubs nicht in diese Phase, da sich alle Gäste von Anfang an gut verstehen und den meisten das Zusammenleben in einer Gruppe vertraut ist. Es kann aber auch sein, dass die typischen Machtspiele und Hierarchiekämpfe einsetzen sowie Werte und Normen (unbewusst) festgesetzt werden.

Starke Charaktere übernehmen hier das Zepter. Meist sind diese „Alphatiere“ daran zu erkennen, dass man sie einfach immer und überall hört und sieht. Du als Reiseleiter musst nun deine Antennen empfindlich einstellen, um mögliche Konflikte früh zu erkennen und in Gesprächen zu begegnen. Eigenverantwortung kannst du in dieser Phase fördern und immer wieder das „wir“-Gefühl stärken, indem du die Leistung der Gruppe vor die des Einzelnen stellst. Sollen Außenseiter wieder in die Gruppe integriert werden, dann stellst du die Leistung des Einzelnen (Außenseiter) punktuell in den Vordergrund.

In einer „normalen“ Gruppe solltest du diesen Stresstest nach einigen Tagen überstanden haben. Idealerweise kommt nun mit der Zusammengehörigkeitsphase der Teil der Reise, in dem du deine Stärken ausspielen kannst, Informationen und Service gibst und den „Boss-Reiseleiter“ zurücknimmst. Wenn diese Phase nicht kommen will, was leider auch passiert, dann hilft es, der Gruppe möglichst viel Freiraum für individuelle Aktivitäten zu geben. Es kommt auch vor, dass sich Gruppen überhaupt nicht zusammenfinden. Darüber solltest du nicht in jedem Fall in Selbstzweifel verfallen.

Eine kleine Geschichte… (basierend auf einer wahren Begebenheit)

Eine Aktivgruppe bestehend aus sechs „jungen Wilden“ und sechs „rüstigen Senioren“ äußerte sich bereits am ersten Abend skeptisch über die

Zusammensetzung der Gruppe. Die eher bildungsfernen „jungen Wilden“ verbargen ihren Argwohn gegenüber den „Alten“ nur spärlich, was der Gruppe akademischer Senioren bald auffiel. Deren Zynismus wiederum heizte die Stimmung ihrerseits an. Schon am zweiten Tag waren die Würfel gefallen: sechs gegen sechs und in jeder Gruppe ein starkes Alphatier. Es macht einfach keinen Sinn, eine solche Gruppe als Reiseleiter vereinen zu wollen. Hier war der Reiseleiter einfach der Boss für alle notwendig gemeinsamen Aktivitäten. Wann immer möglich, gab es Zeit zur freien Verfügung, welche die verfeindeten Clans dankend annahmen. Am Ende fanden alle den Urlaub gut – na ja, wem's gefällt.

In der Gruppenbeziehung bist du der Reiseleiter und die anderen sind die Gruppe. Dies gibt dir Verantwortung, trägt dir Bewunderung und damit auch Macht ein. Als Reiseleiter bist du von der Gruppe daher gefordert, erfährst aber auch übermäßig Zustimmung (unser Held) oder erdrückende Ablehnung (der Depp). Zu Letzterem…

…eine kleine Geschichte… (nach einer wahren Begebenheit)

Ein Reiseleiter übernimmt nach entsprechender Vorbereitung seine erste Radreise. Er ist aufgeregt, will alles richtig machen und vor allem die Kontrolle über die Dinge behalten. Zu Beginn der Reise verspricht er den Leuten den Himmel auf Erden und stellt sich als der große Reiseleiter vor. Schon nach kurzer Zeit kommen den Gästen Zweifel an seiner Kompetenz, die er entschieden zurückweist. Das animiert die cleveren Gäste zu einigen Prüfungen, die sie dem Reiseleiter stellen. Dieser, überfordert, bemerkt dies nicht und tappt von einer Falle in die nächste und lässt dabei in Sachen Kommunikation und Führungsqualität kein Fettnäpfchen aus. Die Gruppe hat sich inzwischen sehr gut zusammengefunden und entscheidet mehr und mehr selbst über das Programm. Das Ende vom Lied: Der Reiseleiter wird von der Gruppe ignoriert und fährt als belustigendes Beiwerk einfach mit.

Einzelbeziehungen hingegen sind stark geprägt von Sympathien und Antipathien zu einzelnen Personen. Auch einem Reiseleiter ist der eine Gast sympathischer als der andere. Die Gefahr in einer engen Bindung zu den Gästen liegt nicht unbedingt darin, dass Liebschaften daraus erwachsen können. Es hat vielmehr damit zu tun, dass die Sympathie von Seiten einzelner Gäste ausgenutzt werden kann und dir in kontroversen Entscheidungen die nötige Distanz fehlt. Oft entsteht dann eine Art Kumpanei mit den Gästen, die keiner Seite weiterhilft. Das Problem ist hier die übermäßig positive Beziehung, die dann in stark negative Gefühle umschwenken kann, wenn die Stimmung kippt. Stell dir diese Gefühle wie ein Pendel einer Uhr vor. Je größer der Ausschlag in die eine Richtung ist, umso weiter pendelt er auch zurück in die andere Richtung. Es kostet sehr viel Energie, wenn dieses Pendel weit ausschlägt. Es hilft im Reiseleiterjob, eine professionelle Distanz zu halten (was nicht bedeutet, kühl und unnahbar zu sein). Auf der anderen Seite musst du darauf achten, „schwierige Zeitgenossen" mit in die Gruppe einzubeziehen.

Hierzu ein kleines Sprichwort...

Ein Arzt gibt sich viel lieber mit den gesunden Menschen ab, jedoch hat er überwiegend mit den Kranken zu tun.

Eine besondere Spezis der „schwierigen Zeitgenossen" ist die der nervenden Gäste. Nahe am Aufmerksamkeitsdefizitsyndrom vorbeigerutscht versuchen sie, wann immer möglich, in der Nähe des Reiseleiters zu sein und diesen mit ihren „spannenden" Geschichten zu beschallen. Was tun? Es gibt Reiseleiter, die können in ihrer Vorstellung eine Art Durchgangsbahnhof erzeugen. Das Gesicht sieht ein wenig interessiert aus, der Informationsempfänger im Hirn ist abgeschaltet und im Autopilot-Modus ertönt hin und wieder ein „mhh“ oder „wirklich?“ oder „interessant!“. Wer das kann, super. Wer nicht, der kann versuchen, die Monologe der „Dauererzähler“ mit den Gesprächen der anderen Teilnehmer zu verknüpfen. Moderierend kann man darauf Einfluss nehmen, dass jede Person zu Wort kommt.

INFO 14: WENN UNMUT AUFKOMMT

UNZUFRIEDENHEIT VERMEIDEN UND BESCHWERDEN BEGEGNEN

Im Umgang mit Beschwerden lassen sich grundsätzlich drei Bereiche unterscheiden:

→ Regelung der rechtlichen Umstände in einem Beschwerdeprozess (rechtlicher Umgang, siehe *Info 7*)

→ Fakten zur Beschwerde und die Entwicklung von Lösungen (sachlicher Umgang)

→ Verhalten gegenüber dem Beschwerer (sozialer Umgang)

Hier und jetzt schauen wir uns einmal den sozialen Umgang mit einer Beschwerde an. Du hast als Reiseleiter mit großer Sicherheit immer wieder die Chance, sich beschwerende Gäste live und in Farbe erleben zu dürfen. Die Art und Weise, wie du einer solchen Person entgegentrittst, ist entscheidend für den weiteren Verlauf der Beschwerdebearbeitung.

Durch angemessene Kommunikation kann die Grundlage für Konflikte und materielle Forderungen genommen werden. Gleichzeitig werden die wichtigen Informationen, die der Kunde dem Unternehmen gibt, detailliert zusammengetragen. Es geht demnach um die Vermeidung von Regressforderungen, nicht um die Vermeidung von Feedback. Das Ziel eines sozial kompetenten Umgangs mit einer Beschwerde ist es, nicht die Beschwerde, sondern den damit verbundenen Konflikt zu vermeiden.

Einer Beschwerde geht in der Regel ein Problem voraus, das den Gast stört (z.B. beschert die Küchenlüftung dem darüber liegenden Hotelzimmer kostenlos ein Dauerrauschen und leckeren Bratengeruch). Hält dieses Problem länger an, dann kommt es zur Äußerung in Form einer Frage, Bemerkung oder Beschwerde. Im Vorfeld lassen sich über entsprechende Kommunikationsmittel viele Situationen neutralisieren, noch ehe diese zu einem Problem werden. Solche Mittel sind beispielsweise:

→ Regelmäßig und direkt mit dem Gast kommunizieren bzw. Kommunikations- bereitschaft anbieten (kleiner Smalltalk verbunden mit der Frage: „Und, alles in Ordnung?")

→ Änderungen im geplanten Ablauf sind häufig der Nährboden für Probleme (Änderungen frühzeitig und wiederholt mitteilen)

→ Möglichkeit zur Äußerung von Hinweisen und Problemen geben (Kummerkasten)

→ Mit den eigenen Informationen dem Gast immer einen Schritt voraus sein (z.B. einen Stadtplan auf das Zimmer legen, bevor der Gast danach fragt)

→ Alle Gäste gleich behandeln!

→ Blitzableiter für negative Erlebnisse bieten (z.B. bei schlechtem Wetter oder Anreiseproblemen die Möglichkeit geben, den aufgestauten Frust loszuwerden, indem du gezielt nachfragst und den Geschichten zuhörst – minimiert Frustabbau über den Weg der Beschwerde)

. . .

Kommt es trotz alledem zu einer Beschwerde, dann gilt es, das darin enthaltene Konfliktpotential zu reduzieren, also die negativen Emotionen abzuschwächen. Vor allem bei persönlich vorgetragenen Beschwerden können leicht Konflikte entstehen, die den Kunden erneut verärgern und der Problemlösung nicht zuträglich sind. Erfolgversprechend ist es, einen Zustand der Sachlichkeit anzustreben. Und so wird's gemacht:

→ In einem ersten Gespräch den Begriff der Beschwerde (wirkt negativ und konfliktgeladen) durch positive Begriffe wie Feedback oder konstruktive Kritik ersetzen.

→ Für ein entspanntes Gespräch sollte ein störfreies Umfeld gefunden werden.

→ Beide Gesprächspartner begegnen sich auf gleicher Augenhöhe (beide sitzen oder stehen). Stellst du Dich neben den sitzenden Gast, dann kann dies zur Einschüchterung führen (der Gast äußert dann sein Anliegen nicht) oder zu einer Verteidigungshaltung (der Gast glaubt, besonders starke Gegenargumente finden zu müssen).

Den Gast ausreden lassen. Unterbrechungen heizen das Gespräch zusätzlich an.

→ Während des Gesprächs hilft es, wenn du Notizen anfertigst. Dies verdeutlicht dem Gast, dass er ernst genommen wird und verlangsamt das Gespräch, was wiederum zur Beruhigung des (möglicherweise erregten) Kunden führt.

→ Bei aggressiven Äußerungen (siehe Info 11) ruhig bleiben und nach konkreten Problemen forschen – nachfragen. Der Grund für den Ärger wird so verdeutlicht.

→ Bevor die Beschwerde nicht vollständig aufgenommen und geprüft wurde, gilt es, keine Gegenargumente zu formulieren. Vor allem wenn der Gast emotional aufgeladen ist, helfen Erklärungen und Rechtfertigungen nicht weiter.

→ Es hilft, die Absicht des Reiseveranstalters zu vermitteln, dass Beschwerden nicht abgeblockt werden und jede Form von Kritik immer willkommen ist.

→ Es gilt herauszufinden, ob die geäußerte Beschwerde ein Kanal für andere Frustration ist. Frage den Gast, ob er ansonsten zufrieden ist.

→ Erste Statements zu einer mündlich vorgetragenen Beschwerde sollten positiv formuliert sein. ACHTUNG: Keine voreiligen Versprechungen abgeben!

Folgende Aussagen wären beispielsweise möglich:

→ „Schade, dass du mir das nicht schon früher gesagt hast..."

→ „Es freut mich, dass du Dich vertrauensvoll an mich gewendet hast..."

→ „Ich danke dir für die Offenheit und das Vertrauen, welches du mir mit diesem Feedback entgegen bringst."

→ Zum Abschluss des Gesprächs ist das weitere Vorgehen zu erläutern. Die Bitte um etwas Zeit zur Bearbeitung des Anliegens muss verbunden sein mit einem konkreten Zeitpunkt, bis wann die nächste Rückmeldung erfolgt. Dies ist ein Schlüssel für eine erfolgreiche Bearbeitung einer Beschwerde und die Rückgewinnung der Kundenzufriedenheit.

Wenn du während einer Reise mit einer Beschwerde konfrontiert wirst, dann ist dies oft keine leichte Situation. Auf der einen Seite ist die Betreuung der Gruppe, die Vorrang hat und den Tag ausfüllt. Dann ist der ungeduldige Gast, der das Potential besitzt, andere Gäste in negative Stimmung zu versetzen oder diese zumindest empfänglich für die Wahrnehmung von vermeintlichen Missständen zu machen. Aus diesem Grund möchtest du die Beschwerde eines Einzelnen nie vor der Gruppe diskutieren!

Auch musst du beachten, dass sich ein Reiseleiter seinem Arbeitgeber gegenüber loyal verhalten sollte. Das ist nicht immer einfach, denn du stehst oft in einer engeren Beziehung zum Gast. Auch erhöht sich der Handlungsdruck, wenn der Kunde auf einer sofortigen Lösung besteht. Folgende Punkte helfen dir, mit diesen Situationen umzugehen:

→ Betrachte eine Beschwerde als Chance zur Verbesserung der Reiseangebote

und damit zur Steigerung ihrer Attraktivität, was am Ende zur Sicherung deines Arbeitsplatzes führt.

→ Mach dir bewusst, dass Dich der Kunde nicht persönlich angreift, sondern in dir den Vertreter des Reiseunternehmens sieht.

→ Verschaffe dir in unklaren Situationen zeitliche Freiräume, in denen du das weitere Vorgehen überlegen kannst. Vereinbare erneute Treffen.

→ Es ist wichtig mit dem Gast keine „Kumpanei" einzugehen und den eigenen Unmut über den Arbeitgeber zu äußern. Dies führt in der Regel zu größeren Problemen (meist auf allen Ebenen) und reduziert deine eigene Motivation, etwas zu verändern.

INFO 15: DER KUNDE EIN KÖNIG

MUSS DAS SEIN?

Du kennst sicher den bekannten Ausspruch aus der Welt des Kundenservice: „Der Kunde ist König." Diese Vorstellung vom Umgang mit dem Kunden oder Gast ent- stand weit vor dem Ersten Weltkrieg und wurde den damals geltenden gesellschaftlichen und politischen Verhältnissen entlehnt. In der nun folgenden kleinen Gedankenrunde soll die heutige Gültigkeit dieser einst so bekannten Weisheit überprüft werden, denn es hat sich seitdem doch eine Menge verändert, auf beiden Seiten des „Ladentisches".

Beginnen wir einmal mit der Funktion der Königshäuser in der heutigen Zeit. Abgesehen davon, dass die einschlägige „Yellow Press" vorwiegend über die Problemchen und Befindlichkeiten der „Durchlauchts" berichtet, sind die Monarchen in politischer Hinsicht nahezu bedeutungslos. Eher repräsentative Aufgaben bestimmen den Tagesablauf der Blaublütigen, abgestimmt mit Benimmregeln und umgeben von viel TamTam. Beobachtet man die Berichterstattung zu Hochzeiten in den Königshäusern und schaut sich an, welche Elemente die Begeisterung vieler Menschen auslösten (...Er hat sie 2x geküsst!), dann ist die Nähe zu Disney World wahrscheinlicher als zu Karl dem Großen oder König Barbarossa (Friedrich I.). Und jetzt kommt die große Preisfrage: Behandeln wir unsere Kunden heute wie unsere Monarchen? Entsprechen sie diesem Bild? Jubeln wir ihnen angemessen zu? Verhalten sie sich majestätisch korrekt? Sind sie „nutzloses“ Beiwerk einer Gesellschaft, die in dieser Inszenierung ihre Vergangenheit aufleben lässt? Ich sage einfach mal NEIN!

Du als Reiseleiter genauso wie deine Kollegen und Partner in den Reiseunternehmen müssen heute nicht mehr vor dem Kunden „herkriechen“, um etwas zu verkaufen. Ein allzu unterwürfiges Verhalten kann unter Umständen sogar das Gegenteil bewirken. „Das war aber ein schmieriger Verkäufer“, heißt es dann in Kundenkreisen.

Wir sprechen heute vom mündigen Kunden, der nicht alles nimmt was er vorgesetzt bekommt. Wir sprechen auch vom emanzipierten Kunden, der mitentscheiden will, im Prozess der Reiseplanung und während der Reise selbst. Wir sprechen vom integrierten Kunden, der Teil des touristischen Prozesses geworden ist und der versteht, warum das eine gut und das andere weniger gut für ihn ist – der auch versteht, dass Qualität ihren Preis hat, auch wenn nicht jeder bereit ist, diesen zu zahlen. Wir sprechen aber auch von einem Kunden, der seine Machtposition kennt und versucht, diese auszunutzen. Zum Beispiel indem vermeintliche Reisemängel übertrieben dargestellt, zu Kulanzzahlungen führen sollen. Nicht selten gelingt dies auch, was dieser Entwicklung weiter Vorschub leistet.

All dem begegnet man heute nicht erfolgreich mit der Vorstellung „Der Kunde ist König“. Vielmehr helfen hier:

→ den Kunden als Mensch ernst zu nehmen

→ ehrlich zu sein (Für und Wider einer Leistung offen zu legen)

→ die Entscheidung für oder gegen eine Leistung dem Kunden bewusst offen zu lassen: (Kaufen Sie bei uns oder auch bei der Konkurrenz...)

→ Fährnis vorzuleben und damit auch vom Kunden einzufordern

→ Planungs- und Durchführungsprozesse transparent zu gestalten

. . .

Damit treten wir Anbieter dem Kunden auf Augenhöhe entgegen. Dies wertet uns und den Kunden gleichermaßen auf und wirkt Arroganz und übertriebenen Forderungshaltungen entgegen. Darüber hinaus erleichtert es die Arbeit mit dem Kunden. Vor allem beim Reiseleiterjob hilft es, Ressourcen (die eigene Energie) zu sparen, wenn man authentisch und fair den Menschen gegenübertritt. Die Menschen freuen sich und teilen dies auch mit (verbal und nonverbal). Es ist kein Geheimnis, dass es dir glückliche Gefühle beschert, wenn du anderen hilfst, für sie da bist. Das bist du aber nur, wenn du den Gästen gleichwertig und achtsam gegenübertrittst. Und noch eins (vielleicht eher für Dich als „Kunden“): Man hört oft von der Servicewüste Deutschland, aber in diesem Zusammenhang nie von einer überzogenen Anspruchshaltung der Menschen auf der anderen Seite des „Ladentisches“.

Extra Info!

Kundenservice kannst du am besten als Kunde praktizieren. Frage dich, was du als Kunde unternimmst, um einen zufriedenstellenden Service zu bekommen. Oder frage dich, was du dazu beigetragen hast, wenn der Service nicht deinen Vorstellungen entsprach. Es ist erstaunlich, was man da alles entdecken kann. Probier's mal aus.

THEMA 3:
REISELEITER-KNOW HOW

Die gefährlichste Sache der Welt ist die Überquerung eines Abgrunds in zwei Sprüngen.

(Lloyd George)

INFO 16: REISELEITUNG SEIN

WER BIN ICH UND WER SIND DIE ANDEREN?

Du wirst feststellen (oder bereits festgestellt haben), dass du als Reiseleiter immer irgendwie öffentlich bist. Das bedeutet, dein Verhalten wird wahrgenommen, du kannst Dich nicht als Teil einer Gruppe verstecken. Diese Stellung verleiht dir dauerhafte Aufmerksamkeit, stellt aber auch eine gewisse Anstrengung dar. Was auch immer ansteht, die Augen der Gäste richten sich auf Dich und du musst schauen, wie du die unterschiedlichen Situationen meistern kannst. Einige Beispiele zeigen nachstehend unterschiedliche Rollen während einer Reiseleitung auf:

→ Als Berater schlägst du den Gästen vor, was sie an freien Tagen machen können.

→ Als Diplomat und Moderator versuchst du, Streitereien zwischen Gästen zu schlichten oder missverständliche Katalogausschreibungen positiv zu interpretieren.

→ Als Helfer unterstützt du z.B. Gäste, deren Gepäck verlorengegangen ist oder die Probleme beim Check-In am Flughafen haben.

→ Als Held und Retter bringst du die Gäste sicher durch ein Unwetter, hilfst souverän bei einem Unfall und vermittelst den Gästen Sicherheit in allen Belangen.

→ Als Boss sagst du den Gästen, wo es langgeht und was als Nächstes zu tun ist (z.B. auf einer schwierigen Wanderung oder bei einer Kanutour).

Deine Fähigkeit in den unterschiedlichen Rollen zu bestehen, wird an den Erwartungen gemessen, die dein jeweiliges Gegenüber an Dich stellt. Diese Gegenüber sind:

→ der Reiseveranstalter (für den du arbeitest)

→ die Partner des Reiseveranstalters vor Ort

→ der Gast

Decken sich die Erwartungen der genannten Parteien? Schau dir die nachstehende Tabelle an und finde es selbst heraus (Die Nennungen in einer Zeile gehören inhaltlich nicht zusammen).

Gast

- perfekte Organisation (der Reise)
- freundlich und kontaktfreudig
- Kompetenz und Zuverlässigkeit in alltäglichen und außergewöhnlichen Situationen
- Kenntnis über die Urlaubsregion (Orientierung)
- Kenntnisse über Geschichte, Land und Leute, Sprache
- nettes und gepflegtes Äußeres
- seriöses Auftreten
- physische und psychische Belastbarkeit (z.B. sportlich den Anforderungen der Aktivitäten genügen)
- Informieren über die einzelnen Aktivitäten, Abläufe,

Änderungen im Plan

Reiseveranstalter

- gebuchte Leistungen und Katalogbeschreibungen der Reise kennen
- positive Grundeinstellung und Belastbarkeit
- Loyalität gegenüber dem RVA
- kostenbewusstes und ressourcenschonendes Arbeiten vor Ort
- Führungskompetenz und Kundenbewusstsein haben
- fehlerfreies Arbeiten (keine Beschwerden verursachen)
- Fähigkeit, Konflikte vor Ort zu lösen
- gute Organisation der Gruppe, des täglichen Ablaufs, der eigenen Person
- Kommunikation
- (Infos weitergeben und Landessprache sprechen)

Partner vor Ort und Einheimische

- Freundlichkeit und respektvolles Auftreten gegenüber dem Partner und dessen Personal (z.B. im Hotel)
- Verständnis für Interessen des Partners haben (z.B. Frühstück erst ab 8:00 Uhr, um Personal zu sparen)
- Interesse am besuchten Land und dessen Kultur zeigen
- Umsatz durch Zusatzgeschäfte fördern (z.B. hoteleigenen Pub besuchen)
- für die Einrichtung oder Person werben
- Beachtung persönlicher Grenzen (z.B. privater Bereich, Verhalten)

Ein Reiseleiter ist in der Regel zwischen 25 und 40 Jahre alt. Die meisten Gäste auf Reisen fallen ebenfalls in diese Altersspanne, was die Zusammenarbeit erleichtert. Eine besondere Herausforderung hingegen ist der Umgang mit Gästen, die wesentlich älter oder jünger sind als der Reiseleiter.

Älteren Gästen fällt es manchmal schwer, eine junge Reiseleitung zu akzeptieren. Sehr auffällig ist dies bei älteren Männern, die auf junge Reiseleiterinnen treffen. Sachliche Kompetenz und diplomatisches Auftreten gegenüber diesen Gästen hilft, den Altersunterschied zu überwinden und das Vertrauen des Gastes zu gewinnen. Manchmal ist es aber auch nötig, dem Gast klar zu stellen, wer der Reiseleiter ist und demnach die Entscheidungen trifft (vor allem dann, wenn es um Sicherheit geht). Eine freundlich aber bestimmte Aufforderung hilft, die Gruppenstruktur zu unterstüt- zen und aufkommenden Konflikten mit den betreffenden Personen entgegenzuwirken.

Eine kleine Geschichte…

Unsere Wandertour führt am heutigen Tage durch wegloses Gelände einen Berg hinauf. Eine echte Herausforderung für die Gruppe, zu der Franz (68 Jahre alt) gehört. Franz ist seit 30 Jahren im Wanderverein aktiv und nach eigenen Aussagen wandererfahren. „Mir macht so schnell keiner was vor…", hört man ihn sagen. Michael (24 Jahre) arbeitet seit zwei Jahren als Reiseleiter und instruiert die Gruppe gerade, auf der nun folgenden Wander- strecke im Gänsemarsch hinter ihm zu bleiben. Franz tanzt aus der Reihe, er geht seine eigenen Wege. Einer weiteren Aufforderung von Michael folgt die Bemerkung: „Du junger Kerl wirst mir doch nicht sagen, wo ich wie zu lau- fen habe. Ich wandere schon seit über 30 Jahren…" Michael stoppt die Gruppe und geht zu Franz, dessen Alleingänge bereits bekannt sind: „Auf dieser Wanderung habe ich die Verantwortung für ALLE Gruppenmitglieder! Ich kenne die Strecke und deren Gefahren, daher sage ich auch, wo wir langgehen. Es ist mir wichtig, dass jeder von uns heil wieder nach Hause kommt und alle die Wanderung genießen können, ohne Unfälle. Wenn du aus der Reihe tanzt, dann geht deine Wandererfahrung für die Gruppe verloren, die dort sicher gebraucht wird, um andere Wanderer zu unterstützen. Ich bitte Dich, dies und damit auch unsere Gruppe als Ganzes zu respektieren, indem du hier nicht aus der Reihe tanzt und ich die Wanderung nicht abbrechen muss." Siehe da, Franz passt sich plötzlich an. Manchmal geht es nur mit dieser Klarheit und Bestimmtheit.

Auf der anderen Seite ist es für den Reiseleiter nicht immer leicht, sich in die Bedürfnisse älterer Menschen hinein zu versetzen. Hier ein paar Beispiele:

→ Eingeschränkte Hörfähigkeit fordert lautes Sprechen ohne viele Nebengeräusche (z.B. Straßenlärm oder Wasserrauschen).

→ Ein vermindertes Kurzzeitgedächtnis erfordert häufigeres Wiederholen von Informationen und die Verwendung von Assoziationshilfen.

→ regelmäßige Toilettenpausen

→ ausreichend Flüssigkeit trinken (ältere Menschen neigen dazu, zu wenig zu trinken)

→ kleinere Portionen für die Mahlzeiten (Z.B. sind älteren Menschen die Portionen in Restaurants oft zu groß. Aufgrund von Erziehung und Lebenserfahrung (Kriegszeiten) fällt es vielen älteren Menschen aber schwer, etwas wegzuwerfen.)

→ Das plötzliche Auftreten von Krankheiten oder Todesfällen ist bei Gruppen mit älteren Menschen wahrscheinlicher als bei Gruppen mit jüngeren Menschen. Bereite Dich daher auf solche Situationen vor (siehe *Info 27* und *Thema 4*).

→ Viele ältere Menschen sind rüstig und körperlich fit. Trotzdem lassen mit zunehmendem Alter gelegentlich Koordination und Motorik nach. Die Trittsicherheit bei Wanderungen leidet darunter. Vor allem erfahrene Wanderer unterschätzen diese altersbedingten

Veränderungen. Darauf solltest du während der Aktivitäten ein Auge haben.

→ Auch die Kondition lässt im Alter nach. Wer mit älteren Menschen unterwegs ist, der muss mehr Zeit einplanen, wenn die Anstrengungen zunehmen (z.B. Wanderung auf einen Berg).

Junge Gäste: Manchmal hast du als Reiseleiter auch deutlich jüngere Gäste (Kinder und Jugendliche) in einer Gruppe dabei. In der Regel sind diese Gäste mit ihren Eltern oder einem anderen Erziehungsberechtigten im Urlaub. Einige Beispiele sollen Dich auf die Besonderheit der Betreuung von Kindern und Jugendlichen aufmerksam machen:

Alkohol und Drogen: Beachte das Jugendschutzgesetz des jeweiligen Landes, das von dem in Deutschland abweichen kann. Bei der Einnahme illegaler Drogen gilt es die Eltern und den Reiseveranstalter zu informieren und ggf. den Gast von der Gruppe auszuschließen.

Schwimmkenntnisse, Baden und Kanu: Kinder und Jugendliche, die nicht schwimmen können, dürfen nicht an einer Kanutour teilnehmen!

Extra Info!

Für die Aufsicht badender Kinder und Jugendlicher gilt folgende Empfehlung: Die Deutsche Lebensrettungsgesellschaft DLRG empfiehlt für leitendes Aufsichtspersonal für Kinder und Jugendliche am und im Wasser mindestens den Besitz des Deutschen Rettungsschwimmabzeichen in Silber, für Begleitpersonal das entsprechende Abzeichen in Bronze.

(Landesamt für Soziales, Jugend und Versorgung, Mainz 2004)

Körperliche Kondition: Bei Aktivitäten wie Radfahren oder wandern gilt es zu beachten, dass Kinder nicht in jedem Fall über die konditionellen Fähigkeiten eines erwachsenen Menschen verfügen. Vor allem bei Bergtouren solltest du vorher mit den Eltern sprechen und die Kondition des Kindes testen (siehe *Info 25, 26, 27*).

Reglementierungen in Kooperation oder gegen die Eltern: Nicht immer kooperieren Eltern mit dem Reiseleiter. Sollten sich hier Widersprüche entwickeln gilt: Die Sicherheit der Gruppe und des Kindes/Jugendlichen geht vor. Entweder du setzt deine Anweisungen (z.B. auf einer Wandertour) durch oder brichst die Aktion ab (Eine Information an den Reiseveranstalter ist dann nötig).

Männlein zu Männlein und Weiblein zu Weiblein: Sind mehrere Kinder oder Jugendliche in einer Gruppe und deren Eltern nicht dabei, dann müssen für Mädchen eine weibliche und für Jungen eine männliche Begleitung vorhanden sein.

Equipment: Für Aktivtouren wird in der Regel Ausrüstung und Equipment verwendet, das für Erwachsene konzipiert wurde. Ein zu großes Fahrrad oder zu langes Paddel verhindert die Teilnahme eines Kindes an den Aktivitäten. Keine Sicherheit, sondern eine zusätzliche Gefährdung ist gegeben, wenn Radhelme oder Schwimmwesten zu groß sind. Also Kindergrößen im Vorfeld bestellen und die Ausrüstung richtig einstellen.

Kinder sollten einer besonderen Sorgfalt bei Aktivitäten unterliegen. Dies kannst du recht unauffällig steuern, indem du die Kinder in deiner Nähe hältst. Die besondere Stellung des Reiseleiters (Held) kommt dir hier zugute. Es wird dir nicht schwer fallen, die Kinder in der Gruppe in deiner Nähe zu halten (auf Wanderungen direkt hinter dir, auf Kanutouren in deinem Boot (bzw. im Boot eines erfahrenen Paddlers).

Local guides: Bei manchen Reisen werden vor Ort local guides stundenweise, tageweise oder für den gesamten Reisezeitraum eingesetzt. Im Begrüßungsgespräch solltest du das Thema local guide ansprechen: Wer ist das? Sind das wechselnde Personen? Isst der local guide offiziell mit der Gruppe mit?

Extra Info!

Kläre bitte rechtzeitig mit deinem Reiseunternehmen, wie die für den local guide entstehenden Kosten beglichen werden (z.B. Essen mit der Gruppe, Getränke, Eintritte etc.). Auch zum Umgang mit Trinkgeld für die local guides solltest Du Dich auskennen.

Begleitet Dich ein local guide nur für kurze Zeit, während einer Stadtführung, dann kannst du zum Beispiel so vorgehen:

→ Sprich Dich im Vorfeld kurz mit dem local guide ab.

→ Was erwartest du von dem Programmpunkt (z.B. Stadtführung)? – Frageform, keine Statements!

→ Welchen zeitlichen Rahmen habt Ihr bzw. sieht der local guide vor?

→ Sind Toilettenpausen vorgesehen? Bei mehr als 2 Std. diese bitte einplanen.

Du stellst der Gruppe den local guide vor (mit Namen) und übergibst die Gruppe offiziell an diese Person. Dann bist du quasi ein „Gruppenmitglied", hältst Dich im Hintergrund. Du kannst die Arbeit des local guides unterstützen, indem du die Gruppe unauffällig so positionierst, dass alle den local guide gut sehen und verstehen können. Die Organisation der Gruppe bleibt demnach in deiner Hand, aber du arbeitest hier unauffällig. Kommentare und Zwischenbemerkungen genauso wie Nebengespräche solltest du dir verkneifen können. Kollegiales und achtsames Umgehen miteinander steht im Mittelpunkt.

Ist deine Mithilfe gefragt, weil der local guide ein wenig überfordert ist, die Gruppe diesen nicht versteht etc., dann unterstütze ihn in einer Weise, dass ihr als Team wahrgenommen werdet. Disharmonien sind störend und reduzieren die Qualität der gesamten Reise. Manchmal ist es sinnvoll, Übersetzungshilfe zu leisten. Ist dies der Fall, dann vereinbare mit dem guide ein Zeichen für Pausen, in denen du dann übersetzen kannst.

Wenn du Dich inhaltlich in die Arbeit des local guides einmischst, dann musst du dies vorher mit ihm abstimmen. Zum Beispiel kannst du im Ausland ergänzend Vergleiche mit Deutschland einfließen lassen (z.B. bei landestypischen Lebensmitteln oder Verhaltensweisen).

Zusammengefasst bedeutet dies: Der local guide und du, Ihr seid ein Team, in dem die Aufgaben entsprechend verteilt sind. Du leitest die Gruppe, kümmerst Dich um die übergeordnete Organisation, um Probleme, den Zeitplan und Absprachen mit Dritten. Der local guide sollte Informationen zu Land und Leuten (Insiderwissen) vermitteln, Kontakte zu Einheimischen herstellen und bei Gesprächen übersetzen helfen.

Extra Info!

Man kann der Gruppe Teamwork demonstrieren, indem ihr gemeinsam kulturelle Unterschiede vermittelt. Du sagst kurz, wie in Deutschland mit einer Situation umgegangen wird und der local guide erklärt den Umgang damit vor Ort. So könnt Ihr Euch die Bälle zuspielen.

Zur Orientierung der Gruppe sollte immer klar sein, wer diese aktuell anspricht. Es empfiehlt sich, die Gruppe immer an den jeweiligen guide zu übergeben. Ihr solltet für Eure Kommunikation auch hier Zeichen vereinbaren, wenn einer der beiden zu lange spricht oder der andere etwas sagen will (ohne einfach reinzusprechen). Zur Vorbereitung der Zusammenarbeit besprecht Ihr Euch vorab (z.B. Aktivitäten für den nächsten Tag). Solche Dienstgespräche finden immer in Abwesenheit der Gäste statt.

Nochmals gesagt: Eure gute Zusammenarbeit ist ein wichtiges Merkmal für die Qualität der Reise. Natürlich kann es auch mal zu Problemchen zwischen dir und dem local guide kommen. Meist hat dies mit der Alpha-Position vor der Gruppe zu tun. Kommt es zu solchen oder ähnlichen Spannungen, dann schau was du tun kannst, um

→ die Harmonie zu erhalten

→ die Unstimmigkeiten von der Gruppe fernzuhalten

→ dein Gesicht nicht zu verlieren (denn du bist immer noch die Vertrauensperson für deine Gruppe).

Wichtig ist es, ein Thema zeitnah mit dem local guide zu besprechen (die Ausführungen aus *Info 9* könnten auch hier hilfreich sein). Falls es wiederholt Schwierigkeiten mit dem local guide gibt, informiere dein Reiseunternehmen bzw. die Incoming-Agentur vor Ort (Kontaktdaten der Partneragentur und zuständigen Person für deine Reise solltest du kennen).

Extra Info!

Achtung: Bietet ein local guide Aktivitäten an, die zu Provisionen führen (Basar, Restaurant, Museum), dann solltest Du dies auf jeden Fall unterbinden und auch

selbst keine Provisionen annehmen – Schmiergeld! Erkläre dem local guide, was dies für das Vertrauen der Gäste gegenüber deinem Reiseunternehmen bedeutet.

(siehe Info 30, Abs. „Schmiergelder sind keine Provisionen")

Leistungsträger und Incoming-Agenturen sind wichtige Partner deines Reiseunternehmens und bestimmen die Qualität der Reisen mit. Ein fairer und partnerschaftlicher Umgang mit Personal und Verantwortlichen der Partnerunternehmen ist daher das Bestreben aller Beteiligten. Gibt es Probleme (z.B. schlechte Zimmerqualität, Defekte), dann kümmerst du Dich in der Regel zuerst vor Ort (z.B. Hotel) darum. Falls nötig, nimmst du auch Kontakt zur Incoming-Agentur auf und – wenn das alles nichts hilft – schaltest du den Produktmanager des Reiseunternehmens ein (Bitte den jeweiligen Kommunikationsweg mit dem Reiseunternehmen abklären).

Dein Ziel ist es in solchen Fällen, Abhilfe zu schaffen, auf kooperativer Basis. In Sachen Vehemenz schießen wir Deutschen schnell mal über das Ziel hinaus! Freundliches und bestimmtes, nicht forderndes Auftreten, das ist hierbei deine Strategie. Vertragliche Fragen kannst du nicht selbst klären. Rabatte kannst du auch nicht verhandeln. Dies liegt immer im Kompetenzbereich der Incoming-Agentur oder des Reiseunternehmens. Hast du Zweifel an der Professionalität der lokalen Agentur (Hoteltausch, Unpünktlichkeit, unqualifizierter local guide, Programmänderungen etc.), informiere das Reiseunternehmen in Deutschland umgehend.

Extra Info!

Ein Beispiel: Führe mit einem Hotelier Gespräche zu Problemchen unter vier Augen, damit sich dieser z.B. in der Gegenwart eines Reisegastes nicht unter Druck gesetzt fühlt. Nur so schaffst Du eine vertrauensvolle Atmosphäre, in der

Du schnell und unproblematisch für die Kundenwünsche bzw. -reklamationen eine Lösung finden kannst. Du wirst mehr für deine Gäste erreichen, wenn Du vom Hotelier als Partner akzeptiert wirst.

Andererseits: Gerade wenn Du häufiger in einem Zielgebiet arbeitest, kann es passieren, dass der Hotelier versucht, Dich als Verbündeten zu seinen Gunsten zu benutzen. Sei hier bei jeder Entscheidung aufs Neue fair und objektiv. Verbrüderungen bringen Dich unter Druck und schränken deine notwendigen Handlungsspielräume ein.

INFO 17: REISELEITERAUSWAHL

EIN PAAR TIPPS FÜR DICH UND DIE AUSWÄHLER.

Jeder Reiseleiter soll Teil des Reiseunternehmens sein, für das er arbeitet. Warum? Der Reiseleiter hat maßgeblichen Einfluss (mindestens 40%) auf das Gelingen einer Reise. Reisegäste geben in Befragungen immer wieder an, dass ihnen Wissen, Verhalten und Auftreten des Reiseleiters, neben Unterkunft und Verpflegung, besonders wichtig sind. Mit dem Reiseleiter steht oder fällt also die Reise.

Welche Informationen sollten die Reiseleiter kennen, bevor sie eine Reise antreten? Was gilt es bei der Vorbereitung auf eine Reise zu beachten? Welches Verhalten der Reiseleitung und welche Aufgaben liegen den Reiseunternehmen während einer Reise besonders am Herzen? Die folgenden Informationen geben dir eine Orientierung hierzu. Dies hilft Reiseunternehmen und Reiseleitern gleichermaßen, von Anfang an eine gute Zusammenarbeit zu finden. Schau dir darüber hinaus auch die Info 16 an.

Insider: Der Reiseleiter verfügt über umfangreiche Kenntnisse zu den bereisten Gastländern. Idealerweise ist es eine einheimische Person oder eine Person, die schon einige Zeit im Reiseland gelebt hat bzw. lebt.

Organisationstalent und Entscheider: Der Reiseleiter muss in der Lage sein

→ eine Gruppe zu leiten und einzelne Kunden zu begleiten

→ sich um die Organisation der Reise zu kümmern

→ das gebuchte Reiseprogramm umzusetzen

→ notwendige (auch unbequeme) Entscheidungen zu treffen und durchzusetzen,

→ mit vielen Aufgaben gleichzeitig umgehen zu können

→ in alltäglichen und in kritischen Situationen den Überblick zu bewahren

→ mit den für die Reise nötigen Ausrüstungsgegenständen sorgsam und fachgerecht umzugehen

Menschenfreund und Kommunikator:

Der Reiseleiter muss gern mit Menschen zu tun haben. Das bedeutet:

→ kontaktfreudig und interessiert an anderen Menschen zu sein

→ Freude an Gesprächen zu haben

→ bereit sein, auch wiederkehrende Fragen zu beantworten

→ die Fähigkeit haben, deeskalierend in Konflikte einzugreifen

Serviceorientierte Reiseleiter bringen die Bereitschaft mit, für andere Menschen da zu sein und deren Wünsche im Rahmen ihrer Reiseleitung zu erfüllen.

Ausreichende Sprachkenntnisse hat ein Reiseleiter meist dann, wenn er:

→ die deutsche Sprache spricht

→ mindestens eine der folgenden Sprachen beherrscht: Englisch, Französisch, Spanisch, Russisch

→ die Landessprache des Ziellandes spricht, wenn nicht eine der genannten Sprachen zur Verständigung ausreicht

Keine extremistischen Einstellungen und Handlungen: Der Tourismus lebt von der Völkerverständigung und friedlichem Miteinander. Aus Verständnis der Europäischen Union (EU) heraus ist freiheitliches Denken und Handeln ein zentraler Grundpfeiler des Miteinanders geworden. Die Achtung des Menschen und jedes anderen Lebewesens sollte daher selbstverständlich sein. Leider gibt es Organisationen, die diese freiheitlichen Grundeinstellung anzweifeln, gefährden oder gar bekämpfen. Immer mehr Reiseunternehmen lassen sich per Unterschrift bestätigen, dass du als Reiseleiter kein Sympathisant oder aktives Mitglied einer extremistischen oder terroristischen Organisation bist. Hierzu zählen u.a. rechtsextremistische Organisationen, extremistische Glaubensgemeinschaften (z.B. Scientology) oder so genannte Gangs (z.B. Hells Angels).

Aufmerksam in puncto Sicherheit: Absolut wichtig ist die Sicherheit der Reisegruppe. Das heißt, die Reiseleitung muss vorausschauend denken und im Falle drohender Gefahr Entscheidungen im Interesse der Kundensicherheit treffen, auch wenn dies mit unliebsamen Programmänderungen verbunden ist.

Alkoholische Getränke und andere Rauschmittel: Solange ein Reiseleiter eine Gruppe aktiv führt (Wanderung, Radtour), ist der Genuss von Alkohol absolut verboten. In Notsituationen muss zu jeder Zeit die 100%ige Verfügbarkeit der Reiseleitung möglich sein. Übermäßiger Alkoholgenuss ist daher auch in der freien Zeit oder bei Abendveranstaltungen nicht empfehlenswert. Fast alle Reiseunternehmen erwarten einen vorausschauenden und verantwortungsvollen Umgang mit alkoholischen Getränken. Bei Fahrtätigkeiten wird meistens eine Promillegrenze von 0,0 Promille vorausgesetzt. Der Konsum von illegalen Rauschmitteln ist grundsätzlich nicht gestattet.

Umgang mit Ausrüstung: Es liegt in der Verantwortung des Reiseleiters, die geeignete Ausrüstung für die Aktivitäten vor Ort mitzuführen. Vom Reiseunternehmen oder der Agentur vor Ort geliehene Ausrüstung und Materialien sind nach Gebrauch unverzüglich zurückzugeben. Der sorgsame Umgang mit Ausrüstung und Material sowie die Abwendung von Schaden an diesen liegen ebenfalls in der Verantwortung der Reiseleitung. Zur persönlichen „Ausrüstung" gehören auch Impfungen und ein Erste Hilfe-Nachweis (nicht älter als 2 Jahre).

INFO 18: ORIENTIERUNG

WAS TUN, WENN SIE VERLOREN GEHT?

Für die Orientierung im Gelände benutzt du als Reiseleiter immer eine aktuelle topographische Karte. Der Maßstab hängt von der Aktivität ab, bei der du Dich orientieren möchtest. Für Wanderungen (möglicherweise abseits der Wege) solltest du eine Karte mit Maßstab 1:50.000 nutzen. Besser wäre 1:25.000, aber diese Maßstäbe sind in vielen Ländern nicht im freien Verkauf vorhanden. Für Radtouren genügt ein Kartenmaßstab zwischen 1:100.000 und 1:250.000 (je nachdem wie dicht das Straßennetz ist – je dichter umso kleiner der Maßstab). Für Städte empfiehlt sich ein Maßstab jenseits der 1:25.000 Marke. Detaillierte Stadtpläne (Maßstab 1:10.000 – 1:25.000) eignen sich hierbei sehr gut, auch wenn diese nicht immer topographischen Charakter aufweisen.

Extra Info! Tipps zur Orientierung ohne Karte und Kompass:

Wenn Du wirklich mal in die Situation kommen solltest, Dich in der Natur ohne Karte und Kompass orientieren zu müssen, dann helfen folgende Möglichkeiten weiter:

→ *Bei alten Kirchen stehen die Kirchtürme meist im Westen und der Altar im Osten*

→ *Eingemeißelte trigonometrische Punkte sind nach Süden ausgerichtet*

→ *Die Sonne zur Orientierung nutzen. Sonnenverlauf: 6:00 = ost; 12:00 = süd; 18:00 = west (grobe Richtwerte, Sommerzeit beachten)*

→ *die Schattenstock-Methode*

→ *eine Armbanduhr (analog)*

→ *Der Nordpolarstern zur Orientierung*

→ *Der Mond zur Orientierung*

→ *Behelfskompass selbst bauen*

In einer topographischen Karte werden wichtige Informationen zusammengetragen, die Orientierung in der zugehörigen Landschaft ermöglichen. Hierzu gehören die Infrastruktur (Straßen, Bahnlinien, Flughäfen, Krankenhäuser, Stromleitungen), Landschaftsformen (Berge, Täler, Ebenen), Landschaftsnutzungen (Felder, Wiesen, Wälder), Gewässer (Flüsse, Seen), Bebauungen (städtische Regionen, Gebäude, Türme), besondere Gebiete (Schutzgebiete und Militärzonen) und Grenzen. Weiter lässt sich eine topographische Karte an den Himmelsrichtungen ausrichten und Entfernungen können (aufgrund des Maßstabes) ermittelt werden. Mittels eingetragener Koordinaten (UTM Koordinatensystem) kann die Position des Kartenausschnitts im globalen Gesamtsystem exakt nachvollzogen werden.

Manchmal macht es Sinn, einen bestimmten Positionspunkt auf einer Karte festzulegen oder wiederzufinden. In einer Stadt trifft man sich beispielsweise am Brunnen auf dem Marktplatz – ein markanter Punkt, den alle Beteiligten kennen oder den man durch Nachfragen leicht findet. Anders sieht es in der Natur aus. Markante Punkte sind hier eher selten. Zur Bestimmung eines exakten Positionspunktes kann man aber eine topographische Karte und das Wissen über die Bestimmung einer Positions- anzeige (Grid reference = GR) nutzen. Mit dessen Hilfe lassen sich bis auf 100 Meter genau präzise Punkte im Gelände festlegen, die dann als Treffpunkte per Nachricht oder Telefon vereinbart werden können. Nutzen kann man solche Punkte z.B. zur Angabe von Start- und Zielpunkten bei Wanderungen oder bei der Positionsbestimmung im Gelände (z.B. bei einem Unfall). Wie das funktioniert? Das folgende Bild und die zugehörige Beschreibung klären Dich auf.

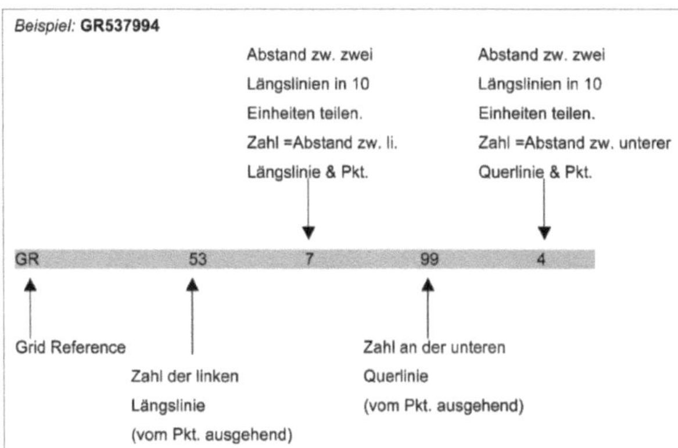

Such dir einen markanten Punkt auf der Karte, eine Stelle an der man sich im Gelände treffen will und beginne mit der Bestimmung der Grid Reference (GR), einer sechsstelligen Nummer. Die nächstgelegene Längslinie links (Gitternetz) von diesem Punkt bildet die erste Eingrenzung auf der Karte. Die zu dieser Längslinie gehörige zweistellige Zahl am oberen bzw. unteren Kartenrand entspricht der ersten Zahl der 6-stelligen GR-Nummer. Nun teilst Du den Abstand zwischen der eben bestimmten Linie und der nächstgelegenen Längslinie rechts vom zu bestimmenden Punkt in 10 gleichgroße Teile. Auf der gedanklich gebildeten Skala von 0-9 befindet sich der zu bestimmende Punkt und bildet so die dritte Zahl der 6-stelligen GR-Nummer. An der nächsten Querlinie unterhalb des zu bestimmenden Punktes liest Du die nächste zweistellige Zahl der GR-Nummer ab. In der gleichen Form wie eben beschrieben, wird der Abstand zwischen der unterhalb und der oberhalb des Punktes befindlichen Querlinie in 10 gleiche Teile geteilt (0-9). Beginnend von der unteren Querlinie zählt man den Punkt aus und ermittelt so die 6. Zahl der GR-Nummer.

Ein weiteres Hilfsmittel, das in Kombination mit einer topographischen Karte zum Einsatz kommt, ist der **Kompass**. Mit diesem lässt sich vor allem die Himmelsrichtung bestimmen und die Karte darauf ausrichten (Nordrichtung). Weiter lassen sich Marschrichtungszahlen bestimmen und somit Routen auf der Karte darstellen. Zu beachten ist der Unterschied zwischen dem natürlichen Nordpol (der sich jährlich um ca. -5' verschiebt) und dem geographischen Nordpol (bestimmt mit dem Koordinatensystem). Der Abweichungswinkel wird auf topographischen Karten für den jeweiligen Kartenausschnitt angegeben (z.B. für Berlin: Latitude: 52° 30' 52.4" N; Longitude: 13° 23' 32.4" E; Magnetic declination: 2° 53' EAST; Declination is POSITIVE). Diese Abweichung (Magnetic declination) kann bis zu 180° betragen, wenn du Dich genau zwischen dem wahren und geographischen Nordpol befindest (dann zeigt die Kompassnadel nach Süden). Das Thema ist aber nur für Kompassnavigation von Bedeutung. GPS-Systeme beziehen sich nicht auf das Magnetfeld der Erde sondern auf Satellitendaten.

Eine Alternative zur Navigation mit Karte und Kompass ist die Nutzung eines Global Positioning System (GPS). Der Bau dieses für militärische Zwecke entwickelten Systems wurde 1973 vom US-Verteidigungsministerium beschlossen. 20 Jahre später (1993) wurde es zur kostenfreien zivilen Nutzung freigegeben. Diese Systeme bestimmen Standorte, indem sie auf Daten von mindestens drei (für die Höhenbestimmung vier und mehr) Satelliten zurückgreifen. Daraus lassen sich dann Wegpunkte, Tracklogs und Routen ausweisen. Spannend für deine Arbeit ist es, Routenverläufe selbst aufzeichnen zu können, vorgegebene Routenverläufe abzulaufen sowie interessante Punkte und zugehörige Informationen zu speichern. Auch findest du mit einem solchen Gerät schnell die Orientierung wieder, wenn du mal vom Weg abgekommen bist (vor allem in der Stadt ist das interessant).

GPS-Technologie ist in der heutigen Zeit immer öfter auch in Smartphones zu finden. Für die professionelle Positionsbestimmung bieten diese Ortungsgeräte zwar noch keinen vollständigen Ersatz, dennoch eignen sie sich als Ergänzung zu anderen Navigationshilfen. Zugehörige Apps gibt es ebenfalls in unterschiedlicher Qualität. Recht weit entwickelt ist Nutzerberichten zufolge beispielsweise die App „Gaia- GPS“ für das iPhone. Wenn du diese Technik für deine Reiseleitertätigkeit nutzen möchtest, dann prüfe vorab bitte deren Funktionalität und teste die Grenzen der Nutzung aus. Es gilt herauszufinden, wie genau das Gerät eine Position bestimmt, wie gut ein Wegverlauf aufgezeichnet wird und wie schwierig es ist, externe Daten zu einer Routenführung in das Gerät einzuspielen. Auch gilt es zu beachten, ob die App Karten von der jeweiligen Urlaubsregion zur Verfügung stellt und ob diese offline nutzbar sind (Handykosten im Ausland beachten).

Was tun, wenn die Orientierung verlorenging?

Wer kennt das nicht als Reiseleiter: die plötzliche Unsicherheit, ob es nun links oder rechts weiter geht. Was tun, ohne dass die Gruppe etwas bemerkt? Nicht jede Unsicherheit in Sachen Orientierung führt gleich in eine Katastrophe. Aber es macht Sinn, die Orientierung so schnell wie möglich wiederzufinden. Eine unauffällige Möglichkeit ist die folgende: du rufst deine Gruppe zusammen, indem du eine Pause einberaumst (es kann auch ein Fotostopp sein). Beschreibe die Dich umgebende Landschaft und gebe hierbei auch die Himmelsrichtungen an (dafür holst du demonstrativ den Kompass heraus, der die Richtungen anzeigt. Dies hilft dir, eine erste Orientierung wiederzufinden. Lass die Leute nun fotografieren.

Diese Zeit nutzt du, um in der Karte nach dem Rechten zu sehen. Sicher werden dir Gäste dabei über die Schulter schauen. Erkläre ihnen die bereits zurückgelegte Strecke, entweder von Beginn an oder von einem Punkt, an dem du noch wusstest, wo du bist. Bei dieser sehr detailgenauen Erklärung ist eine große Chance gegeben, dass du selbst die Orientierung wiederfindest. Wenn nicht, dann ist jetzt eine gute Gelegenheit zu sagen: „...und dann hab auch ich die Orientierung verloren.“ Dieser kleine Lacher hilft, die Gäste bei einer solchen Nachricht nicht zu sehr zu verunsichern. Etwas mit Humor zu nehmen, dramatisiert eine Situation nicht unnötig.

Die Erfahrung zeigt, dass es allen Beteiligten hilft, wenn du die weiteren Schritte öffentlich gestaltest. Erkläre alles was du tust. Das hilft dir, Dich zu konzentrieren und nicht weiter in Verwirrung zu geraten. Alles was du aussprichst, steht sozusagen vor dir, du kannst es betrachten und auf diese Weise neu bewerten. Das unterstützt die Lösungsfindung im großem Maße – im vorliegenden Fall zu wissen, wo du Dich befindest.

Auch können auf diese Weise Ideen von anderen Gästen einfließen, die zur Lösungsfindung (hier zur Wiedererlangung der Orientierung) beitragen. Dieser offene Umgang mit einem Fehler erfordert Mut und Selbstbewusstsein. Du musst hier- bei auch mit Kritik rechnen. Im Ergebnis wird dir dein Fehler aber viel leichter verziehen, wenn du den Gästen offen und ehrlich entgegengetreten bist. Wenn nach und nach herauskommt, dass du Dich verlaufen hast, dann sind die Gäste doppelt enttäuscht – hinsichtlich ihres Vertrauens in Dich und der Tatsache, dass du Dich nicht auskennst in dieser Region.

Extra Info!

Falls du Dich fernab von der Zivilisation verlaufen hast, dann hilft es:

→ *Hochspannungsleitungen zu folgen*

→ *Berge immer in Richtung Tal zu gehen*

→ *Flussläufen (flussabwärts) zu folgen*

Meist erreichst du auf diese Weise früher oder später Zivilisation (zumindest steigen die Chancen darauf ein wenig). Falls diese letztgenannten Tipps für dich einmal von großer Bedeutung werden, dann empfiehlt es sich auch, ein wenig zu beten. Hilfe von ganz oben ist dann sicher von Nöten. Also immer schön wachsam bleiben, damit es gar nicht so weit kommt.

Schlimmer?
Geht nicht!

INFO 19: RUND UM DIE REISEORGANISATION

WAS TUN – VOR, WÄHREND UND NACH DER REISE?

VOR der Reise

So wenig wie möglich, so viel wie nötig – das ist das Motto für die sieben Sachen, die du auf Reisen benötigst.

Weitere Checklisten

Mit Checkliste 3 findest Du einen kurzen Überblick zu den wichtigsten Dingen deiner Tour. Checklisten 10, 11 und 12 geben dir Orientierung für die Vorbereitung deiner nächsten Reiseleitung einer Wander-, Rad- oder Kanutour.

Erfahrene Reiseleiter sind dafür bekannt, minimalistisch unterwegs zu sein. Gehörst du schon dazu? Hier ein paar Tipps. Nimm dir persönliche Sachen für nur eine Woche mit. Bleibst du länger unterwegs, dann hilft waschen.

Die Kleidung für unterwegs sollte schnelltrocknend, warm und funktional sein. Outdoor-Funktionskleidung hat die Aufgaben, Feuchtigkeit vom Körper weg zu transportieren und warm zu halten. Auf diese Weise kühlt der Mensch darunter nicht aus. Wenn du nun eine super funktionierende und teure Regenjacke anziehst, darunter einen erstklassigen Windstopper und ein funktionales Outdoor-Hemd, dann hast du in der Regel das Honorar für mindestens zwei Wochen Reiseleitung ausgegeben. Diese Investition ist für die Katz, wenn du darunter ein schickes Baumwoll-T-Shirt trägst. Das hält sehr gut die Feuchtigkeit an deinem Körper und dir wird schnell kalt. Also: Outdoor- unterwäsche kaufen! Die funktioniert und trocknet nach dem Waschen sehr schnell.

Eine gute Anpassung der Kleidung an die gegebenen Witterungsverhältnisse erlangst du mit dem so genannten Zwiebelprinzip (mehrere dünne Schichten übereinander). Dies bietet dir die optimale Kombination von Winddichtheit, Isolierung, Feuchtigkeitstransport und Dampfdurchlässigkeit. Wie funktioniert das?

Schicht 1: Feuchtigkeitsableitung

→ hält den Körper trocken

→ trägt man direkt auf der Haut

→ Materialien: Polyester, Polypropylen, Ullfrottè, Seide

Schicht 2: Isolierung

→ trägt man direkt auf der Unterwäsche

→ Hemd, Hose: Material muss durchlässiger sein als Tex-Stoffe

→ transportiert Feuchtigkeit weiter nach außen und wärmt

→ isoliert (Schicht 2 wirkt nur mit winddichter Hülle der Schicht 3)

→ Hose schützt gegen mäßigen Wind oder Nieselregen (Gore-Tex ist hier zu dicht)

Schicht 3: Wind- und Regenschutz (bei leichtem Regen)

→ Jacke und Pulli

→ Materialien: Fleece (auch kombiniert mit winddichten Membranen – Windstopper)

Schicht 4: Wind- und Regenschutz (bei starkem Regen)

→ Regenjacke und Regenhose: Netz innen und Belüftungsöffnungen fördern Feuchtigkeitsableitung vom Körper

→ Materialien (atmungsaktiv): z.B. Gore-Tex, K-way 2000, Sympa-Tex

→ bei extremem Regenwetter (eventuell gleich auf Schicht 2 oder Schicht 1 tragen – wenn es ansonsten zu warm ist)

Zusatzschichten: gegen extreme Kälte

→ zweite Fleecejacke

→ Thermokleidung (Daunen- oder Kunstfaserfüllung) als warme Schicht 3 oder 4

Schuhe sollten den Aktivitäten angepasst sein. Eine Doppelfunktion erfüllen z.B. Outdoor Sandalen (wasserunempfindlich), die du im Innen- und Außenbereich und auch (wenn nötig) in der Dusche anziehen kannst. Es lohnt sich vor allem bei Wanderschuhen, auf das Gewicht der Schuhe und auf Atmungsfähigkeit zu achten. Wusstest du, dass sich 100g Gewichtsunterschied bei einem 20km Marsch zu 4t Zusatzgewicht pro Fuß aufsummieren? Oder dass jeder Fuß bei einer 12stündigen Rucksackwanderung bis zu 0,2l Schweiß absondern kann? Wichtig ist bei Wanderungen im Gelände auch die Eigenschaft der Besohlung. Unterschiedliche Materialhärten werden anhand von Farbmarkierungen unterschieden, die sich auf der Sohlenunterseite befinden (z.B. gelb = harte Sohle mit guter Haftung). Erkundige Dich hier beim Kauf neuer Wanderschuhe in einem Fachgeschäft.

Zur Informationsvorbereitung: Als Reiseleiter solltest du dir, vor allem wenn du neu bist, genügend Zeit für die Vorbereitung der Touren nehmen. Schau´dir die Informationen, die du von deinem Reiseunternehmen bekommen hast genau an. Manchmal werden zusätzliche interne Informationen (z.B. Reiseleiterberichte) zur Verfügung gestellt oder auf Wunsch ein Erfahrungsaustausch mit anderen Reiseleitern organisiert. Sprich hierfür mit deinem Reiseunternehmen. Auch Bewertungen im Internet zu den Reisen deines Reiseunternehmens können dir Hinweise zu deiner Arbeit vor Ort geben.

Zur Informationsvorbereitung auf eine zu leitende Reise gehören:

→ „Let's guide – Kleines Handbuch zur Reiseleitung" kennen

→ die für die Tour relevanten Daten und Informationen kennen (Katalogausschreibung und Reisebeschreibung im Internet, zusätzliche Reiseinfos an den Kunden)

→ über Kenntnisse zum weiteren Reiseangebot des Reiseunternehmens verfügen.

Hierbei geht es weniger um eine Verkaufsshow oder Reiseberatung. Die Reiseleiter sollen die Gäste auf andere Reisen aufmerksam und neugierig machen, dort wo es gut passt. Auf diese Weise kannst du deinen Beitrag in Sachen Kundenbindung für dein Reiseunternehmen leisten und gut gebuchte Touren auch für die nächste Saison sichern. Nicht selten zahlen die Reiseunternehmen Provisionen an ihre Reiseleiter, wenn diese Gäste für weitere Reisen akquirieren.

Neben den Abläufen und der Ortskenntnis ist die Information zu Land und Leuten von großer Bedeutung. Mit diesen Kenntnissen kannst du bei den Gästen punkten. Da Reiseleitern in der Regel die dafür verwendete Vorbereitungszeit nicht vergütet wird, macht es Sinn, möglichst effizient an diese Arbeit heranzugehen. Vor allem bei der

Ausarbeitung der Informationen zu Land und Leuten kann man sich leicht verzetteln.

Eine gute Orientierungshilfe für die Ausarbeitung der Reiseinformationen zu einem Zielgebiet bieten die folgenden Tabellen „Informations-Matrix Natur" und „Informations-Matrix Kultur". Es ist leicht möglich, zum einen Balance zwischen den einzelnen Themenbereichen zu finden und zweitens Schwerpunkte zu setzen, die deinem Wissen und Interesse entsprechen.

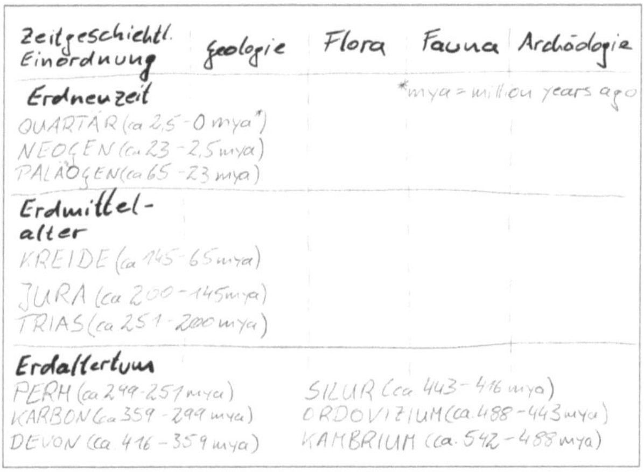

Die Informations-Matrix Natur unterscheidet drei große erdgeschichtliche Zeiträume, innerhalb derer weitere Einteilungen bestehen. Geologie, Flora und Fauna lassen sich den Zeiten zuordnen. Im Themenbereich Archäologie lassen sich Informationen zu Funden, Ausgrabungen und gewonnenen Erkenntnissen zusammenfassen.

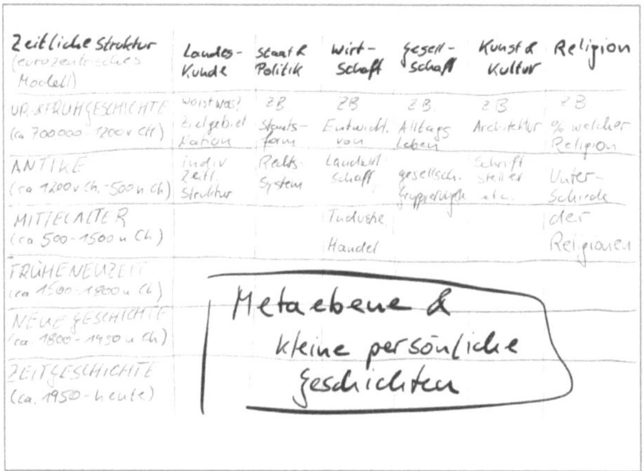

Die Informations-Matrix Kultur unterscheidet sechs große Epochen, die eine eurozentrische Sicht repräsentieren. Auf dieser Basis lässt sich leicht eine individuelle geschichtliche Einordnung des Zielgebietes vornehmen. Die fünf Themenbereiche erleichtern es dir, überblicksmäßige Informationen zu erstellen und diese in Balance zu halten. Landeskundliche Informationen beziehen sich eher auf Besonderheiten (größter See, größte Stadt), den Tourverlauf und die Lage der Highlights entlang der Route.

Informationen zum Land selbst solltest du nicht aus den gängigen Reiseführern herausnehmen. Gehe davon aus, dass sicher eine Person den genutzten Reiseführer gelesen hat und die Kenntnis über diese Wissensquelle zum Besten gibt. Schnell (und sicher vor Kunden) findest du hingegen Informationen in der Landessprache (wenn du diese beherrschst). Auch findest du Informationen im Internet, dann ebenfalls in englischer oder Landessprache. Eine weitere Informationsquelle sind die Tourist Boards der jeweiligen Region oder des jeweiligen Landes. Kurze E-Mail und schon kommen per Post Info-Broschüren und Materialien angeflogen (meist kostenfrei, wenn du von Reiseleitervorbereitung sprichst).

Auf deinen ersten Reisen kannst du auch Informationen aus der Region sammeln. Vor allem regionales Info-Material aus Heimatmuseen, von örtlichen Geschichts- vereinen oder Archiven ist sicher nicht bei zukünftigen Gästen im Vorfeld vorhanden. Eine sehr gute Insiderquelle sind Geschichten und Informationen von

Einheimischen (Locals). Zum einen kannst du mit den aktuellen Gästen ein kleines Gespräch mit Locals arrangieren und dann gezielt Fragen stellen, deren Informationen dir in Zukunft nützlich sind.

Für den Beginn einer Reiseleitung empfiehlt es sich eher übergeordnete Informationen zur jeweiligen Region zu recherchieren, an denen du später die lokalen Informationen anknüpfen kannst. Im weiteren Verlauf deiner Reiseleitungen wirst du dann mehr und mehr zum Spezialisten für die Region und die übergeordneten Infos (aus der Informations-Matrix) treten in den Hintergrund. Einmal recherchierte übergeordnete Informationen (z.B. Religion im Mittelalter, Landleben im 18 Jh. oder geo- logische Grundlagen) lassen sich in vielen Regionen anwenden, was dir die Vorbereitung weiterer Destinationen erleichtert.

Versicherung: Ein wichtiger Aspekt für deine selbständige Tätigkeit als Reiseleitung ist die Eigenverantwortlichkeit der Versicherung. Hierbei geht es um:

→ eine Krankenversicherung, die auch für das entsprechende Zielland gültig ist

→ eine Rücktransportversicherung im Krankheitsfalle (ist oft in einer Auslandskrankenversicherung enthalten)

→ eine Reisegepäckversicherung, die auch Elektronik beinhaltet (falls technische Hilfsmittel wie Fotoapparat, Smartphone oder Computer mitgeführt werden)

→ Darüber hinaus ist es ratsam, eine private Haftpflicht- und Unfallversicherung abzuschließen. Auch wenn deine Tätigkeit über die Betriebshaftpflichtversicherung des Reiseunternehmens abgesichert ist, Job und Freizeit können bei einer Reiseleitung ineinander übergehen. Wenn ein Schaden teuer wird, dann schauen die Versicherungen besonders genau hin, was noch zum Job und was zu deiner „Freizeit" zählt.

. . .

Du als Reiseleitung solltest diese Versicherungen immer selbst abschließen und auch bezahlen, um nicht den Anschein einer Scheinselbständigkeit zu erwecken. Wie gehst du hier vor?

→ bestehende Versicherungen prüfen (Was decken diese bereits ab?)

→ bestehende Kreditkartenverträge, Studentenausweise, Mitgliedschaften (z.B. ADAC) prüfen (Bieten diese günstige Versicherungsleistungen an?)

→ Reiseunternehmen fragen, welche Versicherungsunternehmen sie nutzen (Sind hier spezielle Tarife für Mitarbeiter gegeben?)

→ Erkundigen, ob das Reiseunternehmen eine Betriebshaftpflichtversicherung abgeschlossen hat.

Meldepflichten an dein Reiseunternehmen: Falls du deine geplanten Aufgaben als Reiseleitung nicht oder nur eingeschränkt ausführen kannst, dann musst du dies sofort deinem Reiseunternehmen mitteilen, damit Planungsanpassungen erfolgen können.

Wenn du aufgrund eines persönlich verschuldeten Versäumnisses kurzfristig nicht in der Lage bist, deine geplanten Aufgaben auszuführen, dann könnten dir möglicherweise entstandene Kosten in Rechnung gestellt werden (z.B. Verlust des Führerscheins wegen zu schnellem Fahren). Du solltest dein Reiseunternehmen z.B. bei folgenden Gegebenheiten Mitteilung machen:

→ Krankheit (kurz- und längerfristig)
→ Gesundheitliche Einschränkungen (z.B. Knieprobleme bei Wanderguides, Asthma oder anderweitige Problematiken, die eine Durchführung deiner Tätigkeit beeinflussen)
→ Allergien (z.B. gegen Bienen- oder Wespenstiche)
→ mögliche Probleme bei der Einreise in ein Urlaubsland (z.B. bei Visa Schwierigkeiten in einem anderen Land)
→ Fahrverbote

→ Eintritt in ein Vollzeitarbeitsverhältnis oder zeitliche Überschneidungen deiner Arbeit beim Reiseunternehmen mit anderen Aufgaben

WÄHREND einer Reise

Welches Verhalten der Reiseleitung und welche Aufgaben liegen den Reiseunternehmen während einer Reise besonders am Herzen? Die folgenden Informationen geben dir eine Orientierung hierzu. Schau dir darüber hinaus auch die *Info 16* an. Grundsätzliche Aufgaben einer Reiseleitung vor Ort haben mit der Betreuung und dem Service am Gast zu tun. Hierzu zählen:

→ die „zugesicherten" Leistungen einer Reise erbringen (siehe Katalogausschreibung)

→ Hilfestellung bei Verlusten oder Beschädigungen von Gepäck geben. Wichtig ist dabei, eine neutrale Schadensaufnahme zu unterstützen. Orientierung bietet hierfür auch *Info 14*. Beachte: Der Abschluss einer Reisegepäckversicherung wird den Gästen meist schon bei der Buchung nahegelegt. Erkundige Dich im Vorfeld bei deinem Reiseunternehmen.

→ deine Gäste im Namen des Reiseunternehmens begrüßen

→ das Unternehmen repräsentieren (z.B. T-Shirt, Basecap etc. tragen sowie Erkennungsschild bzw. Namensschild mitführen)

→ Respekt gegenüber der Kultur des bereisten Landes zeigen. Hierzu zählen angepasste Kleidung (ggf. Kopfbedeckung) und das Vermeiden fordernden Verhaltens. Reiseleiter haben eine Vorbildfunktion gegenüber den Gästen.

→ die Informationen aus *Info 30* beherzigen

Extra Checkliste!

Gepäckprobleme bei der Ankunft: Wie geht die Reiseleitung hier vor?

- *An die Airline wenden, die den Kunden zuletzt befördert hat Verlustanzeigeformular (P.I.R. – Property Irregularity Report) ausfüllen*
- ***Wichtig!** Vorgangsnummer der Verlustanzeige, ID-Nr. des Gepäckstreifens notieren*
- *Adresse(n) für die nächsten 3-4 Tage zur Nachbeförderung angeben*
- *Mit Kunden abklären, ob eine Reisegepäckversicherung abgeschlossen wurde. Wenn ja, Schadensmeldefristen bei der Versicherung beachten (meist 3-7 Tage)*
- *Abklären, ab wann Recht auf Ersatzkäufe besteht (je nach Versicherungspaket)*
- *Entstehen Kosten, legt der Kunde diese aus; immer Quittungen aufheben*
- *Eine Kostenübernahme seitens des Reiseveranstalters in keinem Fall andeuten/versprechen*
- *Dein Reiseunternehmen (oder die Incoming Agentur) über den Fall zeitnah informieren: Name des Gastes, Reisetermin, Flugnummer, Nummer der Verlustanzeige, ID-Nummer des Gepäckstreifens, Anzahl der verlorenen Gepäckstücke*

Ein wichtiger Aufgabenbereich, den deine Gäste in der Regel nicht mitbekommen, sind die Vorbereitungen im Hintergrund:

→ z.B. Rückbestätigung der Unterkünfte (1-2 Tage im Voraus)

→ z.B. Bestätigung der Transfertermine (1 Tag im Voraus)

→ z.B. Voranmeldung im Museum (1 Tag im Voraus)

Weitere Beispiele für Hintergrundaufgaben sind:

→ Stadtpläne und lokales Info-Material für die Gäste besorgen

→ Tickets besorgen (z.B. Fähren, ÖPNV, Eintritte)

→ Umgang mit Beschwerden und kleinen Problemchen

→ Wetterinformationen einholen

→ Alternativprogramme erstellen

→ Lebensmittel einkaufen

→ Fahrzeuge tanken und eventuell reinigen

→ Equipment prüfen und ggf. reparieren

→ persönliche Vorbereitung des nächsten Tages

→ Besonderheiten im Reisejournal notieren

Für diese Aufgaben sind während der Reise nur kleine Zeitfenster vorhanden, denn solche organisatorischen Dinge solltest du möglichst abseits der Gruppe erledigen. Geeignete Zeiten sind die Mittagspause oder die Zeit zwischen Tagesaktivität und Abendessen. Auch der Besuch einer Attraktion (z.B. ein Museum) kann sich anbieten, denn hier sind die Kunden oft individuell unterwegs.

Ankunft in der Unterkunft: Kommst du mit deiner Gruppe an einer neuen Unterkunft an, dann hilft es, ein paar kleine Dinge zu beachten, die den Check-In für alle Akteure vereinfachen. Ich gehe einmal von der Situation aus, dass du mit deiner Gruppe an einem Hotel ankommst. In Gästehäusern oder auf Campingplätzen funktioniert das ganze Spiel aber auch nicht wesentlich anders.

Extra Info!

Checkliste 4 (Rückbestätigung & Check-In Unterkunft) gibt dir Orientierung für diese nicht zu unterschätzenden Aufgaben. Um Telefonate effektiv führen zu können, solltest Du alle Daten und Informationen bereitlegen.

Schon vor Ankunft erkläre der Gruppe den Ablauf des Check-In. Gehe zunächst allein zur Rezeption. Falls es Änderungen gibt, lassen diese sich ohne Zuschauer leichter klären. Prüfe die Anzahl der Zimmer mit deiner Liste und lass dir die Schlüssel geben. Ordne (wenn nicht bereits geschehen) die Zimmer den Gästen (auf deiner Liste) zu.

Informiere dich, wo das Abendessen stattfindet und wo sich der Lift befindet. Können Einkäufe im Hotel und Getränke von der Bar auf die jeweilige Zimmernummer geschrieben und am Ende des Aufenthaltes insgesamt von den Gästen bezahlt werden? Ist das Telefon auf dem Zimmer kostenpflichtig und gibt es Internet im Hotel?

Such dir einen geeigneten Ort vor oder im Hotel aus, wo du den Gästen alle Informationen und die Schlüssel geben kannst und bringe die Gäste dorthin (die warten ja noch ungeduldig vor dem Hotel auf Dich). Deine Macht sind die Schlüssel! Solange du die in der Hand behältst, hören dir alle zu – also niemals zuerst die Macht aus der Hand geben!

Informiere die Gäste über die Zeit und den Ort des Abendessens, den Weg zum Lift und dass du noch 15 Minuten an der Rezeption wartest, falls etwas mit den Zimmern nicht stimmt. Nun liest du Zimmernummer und Namen der Gäste vor und reichst ihnen einzeln die Schlüssel. Deine Kunden sollen idealerweise eine Stunde bis zum Abendessen Zeit haben, um ankommen, sich einrichten und duschen zu können.

Extra Info!

Es empfiehlt sich, einen guten Draht zum Personal/Besitzer der Unterkunft zu haben. Manchmal braucht man diese Leute schneller als man denkt (ein FAX, eine Info oder Hilfe bei einem plötzlich eintretenden Krankheitsfall). Sehr forderndes Auftreten ist wenig hilfreich. Unserer deutschen Mentalität fällt es eher leicht zu fordern, sich zu beschweren und „klare" Worte für die Forderungen zu finden. Interkulturelle Kommunikation beschäftigt sich eindringlich mit solchen Dingen. Es hilft, sich damit etwas auseinander zu setzen.

Falls das Abendessen von der Gruppe selbst zubereitet wird, muss vor dem Auseinandergehen nach der Tagesaktivität klar sein, wer, was, wann und wo zubereiten soll. Dein Job ist es in diesem Fall, die Aufgaben zu kennen, zu verteilen und eventuell das Kochteam zu unterstützen. Liegen alle Kochaufgaben in deiner Hand, achte darauf, dass in dieser Phase des Tages keine anderen Dinge zu erledigen sind, sonst verlierst du schnell den Überblick (...Und Kochen ist Priorität eins, denn hungrige Gäste sind nörgelnde Gäste!). Bei Selbstverpflegung der Gruppe musst du mit einer Vorbereitungszeit von mindestens 90 Minuten rechnen.

Reisetagebuch: Während der Reise empfiehlt es sich, ein Reisetagebuch (auch Reisejournal genannt) zu führen. In diesem Buch werden Informationen zur laufenden Tour gesammelt. Dies sind beispielsweise:

Auftretende Probleme

→ Konflikte mit Kunden

→ Schwierigkeiten mit Leistungsträgern (z.B. Hotels) und deren Mitarbeitern

→ Unstimmigkeiten in der Zusammenarbeit mit local guides

→ Probleme mit Behörden, Vorgaben, Verordnungen (z.B. ist es nicht in jedem Land gestattet, in der Öffentlichkeit Alkohol zu konsumieren)

. . .

Programmänderungen zur aktuellen Reise

→ die Änderungen im Programmablauf selbst

→ Gründe für Programmänderungen

→ die Reaktionen in der Gruppe (v.a. negative Äußerungen kurz zusammenfassen, um evtl. schon vorab Ausgleich zu schaffen)

Ideen und Änderungen für zukünftige Reisen

→ Wegsperrungen

→ Baustellen

→ ein schöner Rastplatz oder ein traumhafter Aussichtspunkt

All diese Tipps helfen, die angebotenen Reisen noch schöner zu gestalten. Eine kurze Notiz, die später an das Reiseunternehmen weitergegeben wird, unterstützt eine gute Zusammenarbeit, schnelle Arbeitsabläufe und zufriedene Gäste.

Psychohygiene

Wenn man sich einmal wirklich über etwas oder jemanden ärgert, dann hilft es, auch diese Erlebnisse aufzuschreiben und sie so aus dem Kopf zu bekommen. Das Reisetagebuch bietet sich hierfür an.

Eine schöne Erinnerung

Nicht zuletzt schauen viele Reiseleiter gern auf ihre Reisen zurück. Die kleinen Notizen helfen später bei der Erinnerung an eine hoffentlich schöne Zeit.

NACH einer Reise

Ist eine Tour vorbei, dann kannst du hoffentlich erst einmal das Trinkgeld zählen. Und, zufrieden? Trinkgeld erwartet eigentlich jeder Reiseleiter. Aber lass Dich bitte nicht dazu hinreißen, das Thema vorher schon einmal im eigenen Sinne anzusprechen. Das kann in zweifacher Weise nach hinten losgehen: Erstens sinkt (vor allem bei deutschen Gästen) die Motivation Trinkgeld zu zahlen und zweitens gibt es ganz sicher Ärger, wenn der Reiseveranstalter (vielleicht sogar über eine Beschwerde) davon erfährt.

Damit kommen wir schon zum nächsten Thema, das Dich nach einer Reise beschäftigen könnte, erfundene Beschwerdegründe. So sehr du Dich angestrengt hast und so sehr die Gäste es vor Ort toll, toll, toll fanden: Es gibt immer wieder Kunden, die ersuchen mit Hilfe von unberechtigten Beschwerdegründen etwas Geld vom Reiseveranstalter zurückzubekommen. Kleine Fehler (auch des Reiseleiters) werden dann dramatisiert. Deine Aufgabe wird sein, eine Stellungnahme zu den Beschwerden (ob nun berechtigt oder nicht) zu schreiben.

Kleiner Tipp!

Bleib im Falle unsachlich und falsch dargestellter Beschwerdegründe cool und sachlich, auch wenn die Darstellungen eher wie ein Märchen klingen. Du weißt, dass es solche Leute gibt – entspann dich, lächle und sei froh, dass du diese „Probleme" nicht hast.

Die meisten Reiseveranstalter verlangen von dir eine Abrechnung deiner Reisekosten. Hierbei werden drei Bereiche unterschieden:

→ Tourkasse/Reisekasse (Du bekommst hierfür i.d.R. vorab Geld vom Unter- nehmen, mit dem du unterwegs anfallende Kosten begleichen wirst.)

→ Gästekasse (Ausgaben, die nicht im Reisepreis enthalten sind und die gesamte Gruppe betreffen, werden hieraus beglichen; z.B. Lebensmitteleinkauf oder Trinkgelder.)

→ Honorar- und Spesenabrechnung (Mit diesen beiden Abrechnungen stellst du dein Honorar und die persönlichen Ausgaben in Rechnung, die dir dein Unternehmen bezahlt; z.B. Anreise oder Telefonkosten.)

Tourkasse/Reisekasse (Tourabrechnung): Während der Reise fallen Kosten an, für die der Reiseveranstalter aufkommt. Hierfür muss von dir eine Tourabrechnung erstellt werden. Diese Aufgabe ist in der Beliebtheitsskala einer Reiseleitung oft recht weit unten angesetzt. Für das Reiseunternehmen ist die Korrektheit dieser Abrechnung umso wichtiger. Das Finanzamt akzeptiert keine Ausrede für fehlende oder schlecht lesbare Kaufbelege. Auch die Mischung unterschiedlicher Währungen in einer Abrechnung wird von den Behörden nicht akzeptiert. Im Zweifel bedeutet dies für den Reiseveranstalter, deine Abrechnung neu zu dokumentieren. Schon bei 20 Tourterminen im Jahr ist das eine nicht realisierbare Aufgabe. Daher ist es wichtig, dass du als Reiseleiter eine nachvollziehbare Abrechnung erstellst.

Wie du das Geld für deine Reise bekommst, klärst du mit dem Reiseunternehmen im Einzelfall ab. Es wird in der Regel eine Mischung aus einer Überweisung auf dein Konto, Travellerschecks und Bargeld in EURO oder der Landeswährung sein. Die Beträge können bei manchen Reisen recht hoch sein. Dann wird Dich das Reiseunternehmen auffordern, den Empfang der monetären Werte zu quittieren. Wie das genau abläuft, erfährst du im Rahmen der Reisevorbereitung.

Folgende Punkte gilt es zu beherzigen, wenn es um die Tourabrechnung geht:

→ kannst du sparen, indem du die Einzahlungen und Ausgaben bereits während der Reise in deiner Abrechnung erfasst.

→ Nutzt du auf der Reise unterschiedliche Währungen, dann erstellst du für jede Währung eine eigene Abrechnung (je ein Formular aus Vorlage 6).

→ Alle Ausgaben, die du tätigst, müssen mit einem Kassenbeleg dokumentiert werden. Achte bitte darauf, immer die Kassenbelege (Bons) für deine Ausgaben zu sammeln.

→ Alternativ kannst du deine Ein- und Auszahlungen auch per App mit dem Handy erfassen. Achte darauf, dass sich die Beträge zur Weiterverarbeitung exportieren lassen. Sprich im Vorfeld mit deinem Reiseunternehmen ab, ob diese Form der Tourgelderfassung akzeptiert wird.

Im Folgenden findest du ein Beispiel, wie eine Reise- abrechnung auf einfache Weise stattfinden kann. Dies gibt dir eine Orientierung für die Abrechnung der Touren. Dein Reiseunternehmen wird dir meist vorgeben, wie du die Tourabrechnung vollziehen sollst. Da gibt es immer wieder kleine Unterschiede im Abrechnungsprocedere. Ein Beispiel zur Tourabrechnung:

1. Einzahlungen in die Tourkasse (z.B. Betrag „X“ von deinem Konto vor Ort abheben) auf dem Deckblatt zur Tourabrechnung „Reisekasse“ (siehe Checkliste 5) vermerken (Beleg am Bankautomaten drucken lassen)
2. Ausgabenliste (siehe *Checkliste* 6) nur für die Ausgaben verwenden
3. Für jede Währung eine separate Ausgabenliste führen
4. Belege auf Thermopapier bitte kopieren und dem Reiseunternehmen sowohl die Kopie als auch das Original schicken
5. Belege (nach Datum sortiert) auf leere A4-Blätter (Belegblätter) kleben (einseitig, nicht zu viele auf ein Blatt)
6. Belegblätter mit Tourname, Tourdatum und Seitenzahl

beschriften. Angabe der Belegnummer (beginnend mit 1), fortlaufend auf dem Beleg eintragen. (siehe *Checkliste 7*)

7. Fehlende Belege durch Eigenbelege ergänzen (siehe *Checkliste 7*)
8. Umrechnung Fremdwährungen in Euro auf Deckblatt „Reisekasse“ vornehmen (wenn nötig)
9. Genutzten Umrechnungskurs für die Tour auf Deckblatt angeben
10. Bitte ankreuzen, wie der Wechselkurs ermittelt wird (siehe Kasten unten: „Währungsermittlung“)
11. Prüfen, ob der Differenzbetrag auf der Ausgabenliste mit dem Restgeld in deiner Geldbörse übereinstimmt (Wenn nicht: Viel Glück bei der Fehlersuche!)
12. Deckblatt „Reisekasse“, Ausgabenlisten und Belegblätter (in dieser Reihenfolge) zusammenheften und an das Büro senden (bzw. dort abgeben)
13. Restgeld als Einnahme in der nächsten Tour verbuchen oder dem Reiseunternehmen zurückzahlen

Du siehst, es ist nicht so schwer, eine Abrechnung anzufertigen. Wichtig ist, die Einträge zeitlich in die richtige Reihenfolge zu bringen, alle Belege zu nummerieren und den Umrechnungskurs für eventuelle Fremdwährungen zu ermitteln.

Zwei extra Infos!

Währungsermittlung: Wenn Du die aktuellen Wechselkurse kennst, zu denen du die Einzahlungen in deine Tourkasse vorgenommen hast bzw. zu denen du per Karte/Scheck bezahlt hast, dann ermittle daraus den Mittelwert für deinen Abrechnungszeitraum. Nutzt du eine geeignete APP zur Abrechnung, dann ermittelt dir diese oft schon den aktuellen Umrechnungskurs am Zahlungstag.

Weißt Du, was ein historischer Wechselkurs der Währung ist? Wenn Du den aktuellen Kurs nicht mehr kennst, zu dem Du das Geld getauscht hast, dann kannst Du über einen festzulegenden Zeitraum den Durchschnittswert der Wechselkurse ermitteln. Das ist genauer als einfach einen bekannten Wert herauszupicken und mit dem zu rechnen.

Folgende Beträge gehören nicht in eine Reisekassen-Abrechnung:

- Deine privaten Ausgaben

- Belege für Essen und Mahlzeiten, die nicht Teil der inkludierten Reiseleistungen sind

- Deine Hotelübernachtungen zwischen zwei Reisen (außer es existiert eine andere Absprache mit dem Reiseunternehmen)

- Belege, die nicht direkt deiner Reise zuzuordnen sind (im Zweifelsfall: Rücksprache mit dem Reiseunternehmen halten)

- Getränke für Gäste (siehe hierfür die Leistungsbeschreibung im Katalog des jeweiligen Reiseunternehmens)

- Trinkgelder

Die Gästekasse beinhaltet alle Kosten, die nicht im Reisepreis enthalten sind und sich auf die gesamte Gruppe verteilen lassen. Hierzu gehören z.B. Lebensmittel- kosten für Mahlzeiten, zusätzliche Eintritte, Übernachtungsmehrkosten, Trinkgelder, Getränkekosten (für alkoholische Getränke).

Wenn für deine Reise eine Gästekasse vorgesehen ist, dann erklärst du der Gruppe die Funktion dieser Kasse gleich zu Beginn der Reise. Es ist wichtig, dass die Ausgaben für alle Gäste transparent bleiben. Daher sollten alle Belege gesammelt werden. Gib idealerweise die Verantwortung für die Gästekasse an einen Gast (oder zwei Gäste) ab. Zu Beginn zahlen die Gäste einen Betrag X für die erste Hälfte der Reise ein. Die Zweierteilung macht Sinn, da auf diese Weise:

→ eine Zwischenabrechnung erfolgen kann

→ eine Anpassung der Einzahlungsbeträge erfolgen kann

→ die Verantwortung für die Reisekasse an eine andere Person übertragen werden kann

→ die Kassenführung für alle Gäste transparent bleibt

Honorarabrechnung: Da die Reiseleitertätigkeit bei vielen Reiseveranstaltern auf Honorarbasis erfolgt, muss von dir eine Rechnung über die erbrachte Leistung (also die Reiseleitung) erstellt werden. Wie diese aussehen sollte, erfragst du bei dem Unternehmen, für das du tätig bist. Manchmal halten die Reiseveranstalter eine Musterabrechnung bereit, an der du Dich dann orientieren kannst.

Für deine Rechnungsstellung sind von den Finanzbehörden Mindestanforderungen festgelegt (z.B. Rechnungsnummer, Datum der Rechnungserstellung, Adressen des Rechnungsstellers und des Rechnungsempfängers, Umsatzsteuer-ID etc.). Nutze die Vorlage vom Reiseunternehmen, wenn dir keine eigene, den steuerlichen Grundsätzen entsprechende, Rechnungsvorlage zur Verfügung steht. Nicht akzeptiert werden handschriftliche Zettel, E-Mails u.ä. ungültige Rechnungsdokumente.

Erkundige Dich, inwiefern du umsatzsteuerbefreit bist. Fällst du unter die so genannte Kleinunternehmerregelung (§ 19 Umsatzsteuergesetz, UStG), dann zahlst du keine USt. Gilt dies für Dich nicht, dann erkundige Dich bei deinem Steuerberater, wie die Abrechnung deiner Touren aussehen sollte und stelle nach diesen Vorgaben deine Rechnung. Kläre Abweichungen in der Rechnungsstellung bitte vorab mit deinem Reiseunternehmen ab. Du als Reiseleiter bist für die ordnungsgemäße Abrechnung deiner erbrachten Leistungen verantwortlich. Dies umfasst auch die korrekte Angabe deiner erhaltenen Geldleistungen bei der zuständigen Finanzbehörde und die Zahlung der Steuern.

Die Zahlung deines Honorars erfolgt, nachdem deine Tour von dir vollständig nachbereitet wurde. Hierzu gehören:

→ vollständige Erfassung aller Ausgaben und Forderungen in der Tourabrechnung

→ Sortieren, Aufkleben, Beschriften aller Belege zur Reise und Zusendung an das Reiseunternehmen

→ Erstellung einer ordnungsgemäßen Rechnung an dein Reiseunternehmen

→ Manchmal sind weitere Reisenachbereitungen an die Zahlung des Honorars geknüpft, wie z.B. die Zusendung eines Gruppenfotos von deiner Reisegruppe oder das Erstellen eines Reiseberichts.

Extra Info!

Notiere in deinem Reisejournal alle wichtigen Gesamtbeträge und wann du diese deinem Reiseunternehmen zugeschickt hast. Zu diesen Gesamtbeträgen gehören Gelder, die du von deinem Reiseunternehmen bekommen hast, Reiseabrechnungen, deiner Honorarabrechnungen. Damit behältst du bei Rückfragen oder später zu erstellenden Rechnungen immer den Überblick über Zahlungseingänge und Forderungen.

INFO 20: ENTERTAINMENT

SEIN ODER NICHT SEIN, DAS IST HIER DIE FRAGE.

So wie ein Film, ein Musikstück oder ein Theaterstück einem bestimmten Spannungsbogen folgt, so spielt die Dramaturgie auch bei der Gestaltung einer Reise eine wichtige Rolle. Der Spannungsbogen bestimmt dabei, in welcher Reihenfolge und Form Sehenswürdigkeiten bzw. Aktivitäten (also der Reiseverlauf) präsentiert werden.

Emotionale Erlebnisse bleiben länger im Gedächtnis: Menschen erleben Erfahrungen intensiver, wenn sie an einem Prozess beteiligt sind, also selbst aktiv werden oder etwas emotional erleben. An emotionale Momente erinnern sich Menschen leichter. Es lohnt sich demnach, die Emotionen der Teilnehmer während der Reise immer wieder zu wecken. Dafür sind anstrengende Aktivitäten hilfreich, z.B. eine Wanderung, die bereits in den sehr, sehr frühen Morgenstunden beginnt und mit dem Sonnenaufgang auf einem Gipfel oder einer Anhöhe endet. Natürlich sollte die Anstrengung im Rahmen des Zumutbaren liegen. Gemeinschaftliche Aktivitäten, wie das Baden im warmen Sommerregen oder ein Picknick am Strand, können ebenfalls zu unvergesslichen Momenten werden. In der Phase der Tourplanung musst du also folgende Fragen klären:

→ Wo platziere ich einen emotionalen Höhepunkt?

→ Wo plane ich Pausen ein?

→ Wann möchte ich welche Emotionen wecken (Menschen bewegen, eine heitere Stimmung erzeugen)?

→ Welche kleinen Aktivitäten lassen sich spontan zwischendurch einbauen?

Geschickt präsentiert ist halb gewonnen, denn die Highlights einer Reise solltest du im letzten Drittel der Tour platzieren. Damit sicherst du deinen Gästen positive und emotionale Erinnerungen der Reise. Wenn du ein Objekt, eine Sehenswürdigkeit oder einen besonderen Ort eindrucksvoll präsentieren möchtest, kannst du Dich dabei an einigen einfachen Regeln orientieren:

→ Anstatt in einen endlosen Redeschwall ohne Punkt und Komma zu verfallen, solltest du lieber kurze Sätze verwenden.

→ Das Gesagte lässt sich durch Bilder, Karten und andere Materialien unterstützen.

→ Trockene Monologe vermeidest du lieber - suche stattdessen den Dialog mit deinen Reiseteilnehmern. Du kannst deine Leidenschaft für die Destination, deine Begeisterung über ein bestimmtes Objekt usw. gern in deiner Präsenation zum Ausdruck bringen - dann springt der Funke bestimmt schnell auf die Gäste über.

→ Wichtig ist auch, wie die Reisegruppe während deiner Präsentation positioniert ist. Die Gruppe sollte so stehen, dass ihr Blick auf das Objekt gerichtet ist. Du selbst befindest Dich dabei möglichst etwas seitlich, jedoch nicht neben oder hinter der Gruppe, sondern zwischen den Reisenden und dem Objekt selbst. So befindest du Dich nicht im Mittelpunkt, die Teilnehmer können aber trotzdem Blickkontakt mit dir aufnehmen (und du natürlich auch mit Ihnen). Damit du nicht nur gesehen, sondern auch akustisch verstanden wirst, sollte die Reisegruppe möglichst im Halbkreis angeordnet stehen.

→ Falls du die Möglichkeit hast, die Gruppe an einem Hang, auf Treppenstufen o. ä. auf zwei Ebenen zu verteilen, dann nutze dies. Das ist vor allem dann sinnvoll, wenn die Reisegruppe etwas größer ist - so können alle Teilnehmer das Objekt und Dich gut sehen bzw. hören.

→ Außerdem gilt: entweder laufen oder sprechen. Wenn die Teilnehmer in Bewegung sind, verlieren sie an Aufmerksamkeit, so dass Präsentationen während des Gehens oft untergehen.

Für den Fall, dass die Reisenden aufgrund von Regen oder frostigen Temperaturen durchgefroren sind, verzichtest du lieber auf Präsentationen. Die Teilnehmer würden dir wahrscheinlich nur sehr wenig Aufmerksamkeit schenken. Eine mögliche Alternative: Mache ein Bild vom Ort oder Objekt und hole deine Erklärungen zu einem späteren Zeitpunkt nach, wenn die Gäste sich aufgewärmt haben. Findet deine Präsentation in einem Pub bei einem heißen Tee statt, wirst du sicherlich Gehör finden.

Die richtigen Mittel im richtigen Moment einsetzen: Mit vielen weiteren einfachen Mitteln kannst du das Erleben der Reiseteilnehmer wirkungsvoll unterstützen. Das gilt nicht nur am Objekt, sondern auch während der Reise im Bus. Musik, die zur Destination passt, stimmt die Reisenden auf einzelne Aktivitäten gut ein. Auch ein Hörbuch, das in der Destination spielt, kann eine schöne Alternative sein.

Die Besonderheiten einer Landschaft oder eines Ortes musst nicht immer nur du präsentieren. Dialoge, bei denen jeder Teilnehmer in eine kleine Rolle schlüpft, wirken aktivierend und lockern die Stimmung auf. Oder du zitierst das Werk eines Schriftstellers, in dem die Landschaft beschrieben wird und lässt so einen Dritten sprechen. Manchmal ergibt sich unterwegs ein Gespräch mit Einheimischen. Plau- dern diese über ihre Heimat, dann ist das eine sehr authentische

Art der Präsentation. Manchmal hilft es aber auch, Landschaften, Stimmungen oder besondere Momente einfach wirken zu lassen - ganz ohne Geplapper. Der Wirkung eines stimmungs- vollen Sonnenaufgangs auf einem Berg ist wahrscheinlich sowieso nichts mehr hinzuzufügen.

Was kannst du besonders gut? Nutze deine eigenen Talente auf den Reisen, das bringt deine persönliche Note in die Tour. Die Einzigartigkeit der Reise wird dadurch herausgestellt.

→ Kannst du gut vorlesen? Dann lies in gemütlicher Abendrunde Geschichten vor.

→ Spielst du ein Instrument? Dann spiele am Lagerfeuer darauf; es sei denn, es ist ein Klavier.

→ Kannst du singen? Dann studiere mit der Gruppe ein paar Lieder ein.

→ Kannst du Latein? Wenn es passt, dann trage ein paar philosophische Sätze vor - vergiss dabei aber die Übersetzung nicht.

→ Bist du schauspielerisch talentiert? Dann trage Szenen vor, in denen du zwei oder mehr Personen spielst.

→ Kannst du fotografieren? Dann zeige den Gästen, wie man mit der Kamera gute Fotos macht.

Deiner Fantasie sind keine Grenzen gesetzt, solange es zum Rahmen der Situation passt. Und wenn deine Talente noch verborgen in dir schlummern, hast du trotzdem die Möglichkeit, mit Gesellschaftsspielen oder einem Quiz Gespräche anzustoßen. Oder du nutzt die Atmosphäre an geselligen Orten, wie z.B. an einem Musikabend im Pub, um die Reisenden einander näher zu bringen.

INFO 21: BEGRÜSSUNGSTREFF & ABSCHLUSSABEND

Begrüßungstreff: Es gibt Reiseleiter, für die ist das Begrüßungsgespräch (auch Begrüßungscocktail, Empfangsparty...) ein Grauen. Leider gibt es hierfür keine Alternative und diese Veranstaltung ist zu wichtig, um sie ausfallen zu lassen. WARUM?

Beim Begrüßungsgespräch kommen erstmals alle Reiseteilnehmer zusammen (Darauf solltest du auch achten!). Das offizielle Willkommen von dir eröffnet den Urlaub und zeigt dem Gast, jetzt geht es los. Dieses Willkommen im Namen von... zeigt Respekt vor dem Kunden und macht deutlich, dass dieser wichtig, eben willkommen ist. Auch lernen sich die Gäste untereinander kennen. Sie erfahren, wer der Reiseleiter ist und was sie im Urlaub erwartet. Solche Informationen tragen wesentlich zur positiven Gruppenentwicklung bei und reduzieren die anfängliche Scheu. So schrecklich das Kennenlernen und die zugehörigen Spiele auch sind, es ist wichtig diese Hürde zu nehmen, für Dich und für die Gäste.

Ein solches Gespräch dient vor allem dem mentalen Ankommen. Man muss daraus also nicht unbedingt eine große Show machen. Versuch einmal, den ersten Moment vor dem „Herzlich willkommen..." bewusst wahrzunehmen. Sag einfach 10 Sekunden gar nichts und erlaube dir und den Gästen, anzukommen. Da entwickelt sich eine interessante Stimmung, die du (wenn du das geschickt anstellst) durch die ganze Veranstaltung erhalten kannst. Lass Ruhe in die Gruppe einkehren, deren einzelne Teilnehmer eine hektische und z.T. anstrengende Anreise hatten.

Wichtig ist es, diese erste gemeinsame Zusammenkunft nicht zu lange auszudehnen und nicht mit Informationen zu überfrachten. Eine Stunde inklusive Kennenlernen reicht hier aus. Reiseleiter, die neu im Geschäft sind, neigen dazu, alles sofort erzählen zu wollen. Zu viele und zu detaillierte Informationen verwirren die Gäste mehr, als dass sie ihnen Orientierung bieten. Auch reden sich Neulinge gern schon zu Beginn um Kopf und Kragen und versprechen in ihrer Aufregung Dinge, die sie später nicht einhalten können. Zu hohe Erwartungen der Gäste und daraus resultierende Unzufriedenheit sind die Folge.

In einem Begrüßungsgespräch (siehe Checkliste 8) sprichst du zuerst, gibst die wichtigsten Eckdaten zur Reise bekannt und zeigst idealerweise auf einer Karte die Reiseroute. Weniger ist mehr, diese Devise gilt hier im Besonderen. Ein weiterer wichtiger Faktor, der ein Begrüßungsgespräch zum Erfolg führt, ist der besondere Ort. Es sollte keine Unterbrechungen, Störungen oder Zuschauer geben. Finde einen Platz, der nicht zu warm und nicht zu kalt ist – die Kunden müssen sich wohl fühlen, um Informationen aufnehmen zu können und zu entspannen. Idealerweise hast du ein schönes Ambiente gefunden oder gar eine

schöne Aussicht. Die Mühe, etwas Entsprechendes zu finden, lohnt sich auf jeden Fall.

Der Abschlussabend ist, wie auch das Begrüßungsgespräch, von großer Bedeutung für eine gelungene Reise. Dieser Abend sollte daher von dir vorbereitet und ein wenig inszeniert sein. Beginnen kann der Abschlussabend mit einem besonderen Abendessen (lokale Kost der besonderen Art) im gebuchten Restaurant. Vielleicht schmücken heute Blumen den Tisch, Musik spielt oder es gibt einen Aperitif mit einem Toast von dir.

Erst nach dem Essen folgt die Abschlussrunde (das Abschlussgespräch). Bereite dies ein wenig vor:

→ Wähle einen ruhigen, schönen Ort (mit Aussicht, im Garten etc.).

→ Beachte Wetterabhängigkeiten.

→ Vielleicht gibt es Kleidung, die dein Reiseunternehmen repräsentiert (z.B. T-Shirt)?

→ Gestalte den Ort ein wenig.

→ Nimm einen Fotoapparat mit (vielleicht entsteht hier ein gutes Gruppenfoto).

→ Für alle Gäste sollte ein bequemer Platz vorhanden sein (ungezwungen, gemütlich).

Extra Info!

Während deiner Reisebegleitung machst du bitte ein oder mehrere Gruppenfotos (höchste Bildqualität an der Kamera einstellen). Diese sendest du spätestens eine Woche nach Rückreise deiner Gäste an deinen Reiseveranstalter. Es ist eine gute

Maßnahme zur Kundenbindung, wenn der Reiseveranstalter die Fotos nach der Reise an die Gäste verschickt.

Tipp: für offene Augen: Alle schließen die Augen und öffnen diese bei drei.

Nun zum Gespräch selbst:

→ Du fasst die Reise mit ihren Highlights noch einmal zusammen (Binde hier die Gäste ein).

→ Gehe mit Problemen offen und ehrlich um. Sprich auch Dinge an, die nicht wie geplant liefen (Formuliere dies positiv, fokussiere das gemeinsam Gelöste, nicht das Problem selbst).

→ Gehe auf Gästefragebögen (wenn vorhanden) ein, mit denen das Reiseunternehmen ein Feedback zu den Reisen erfragt. Nach der Reise erhalten die Teilnehmer manchmal eine E-Mail mit Link zu diesem Fragebogen oder du verteilst diese vor Ort (Erkundige Dich im Vorfeld bei deinem Reiseunternehmen, wie das dort gehandhabt wird).

→ Biete die Möglichkeit an, Adressen tauschen zu können. Vielleicht hast du bereits eine Vorlage erstellt, die von den Gästen dann genutzt werden kann?

→ Hat sich die Gruppe super verstanden und ist das Verhältnis zu dir besonders gut, dann ergibt sich manchmal die Idee, gemeinsam eine weitere Reise zu planen. Bitte versprich hier nichts eigenmächtig, sondern kläre das zunächst mit deinem Reiseunternehmen ab.

→ Schließe das Abschlussgespräch nun offiziell und positiv ab (Bedanke Dich bei den Gästen).

Zwei extra Infos!

Offensichtliche Reisemängel sollten nicht verschwiegen werden. Vielleicht gibt es eine gute Erklärung für das Geschehene und erste Entwicklungen, hinsichtlich einer Wiedergutmachung in dieser Sache. Dies könnte man im positiven Rahmen kurz darstellen. Allerdings ist das Abschlussessen etwas Positives, ein schönes Ende der Reise, keine Plattform für nicht enden wollende Beschwerden.

Es kann durchaus zu Schwierigkeiten führen, wenn Du eigenmächtig Reiseangebote verbreitest. Dem steht oft der unternehmerische Gedanke deines Reiseunternehmens entgegen: Die Gäste sind ein wichtiger Bestandteil (oder wertvolles Kapital oder ein wesentlicher Faktor) eines Reiseunternehmens und sollen idealerweise oft mit diesem Unternehmen verreisen und nicht „abgeworben“ werden. Schon gar nicht von den eigenen Reiseleitern. Bitte gehe mit solchen Themen sorgsam und offen (gegenüber allen Beteiligten) um. Das gehört zum fairen Miteinander im geschäftlichen Kontext.

Nun kannst du den Abend in einem lokalen Pub ausklingen lassen. Vielleicht gibt es irgendwo Live-Musik. Oder Ihr sitzt gemeinsam an einem Feuer oder am Strand oder, oder, oder...

Extra Info!

Du kannst das Abschlussgespräch auch im Rahmen eines Abschlussessens stattfinden lassen. Wie sieht ein gelungenes Abschlussessen aus?

- *schönes Ambiente, keine Störungen von außen, etwas Musik aus der Region*
- *landestypische Speisen und Getränke werden kurz erklärt, wenn sie auf den Tisch kommen*
- *Getränke stehen auf dem Tisch und du fragt die Gäste: Was haben wir alles erlebt?*
- *Das Essen wird gereicht und du fragst nach den schönsten Momenten*
- *RL ergänzt ein oder zwei passende Geschichten (gern auch persönliche Erlebnisse)*

Nach dem Essen hältst du eine kleine Abschiedsrede.

- *Hat es Euch gefallen?*
- *Dank an die Gruppe für ihren Beitrag zum Gelingen der Reise, der schönen Zeit, den tollen Erlebnissen*
- *Hinweis auf Feedbackbogen, Fotowettbewerb, Reiseberichte ect.*
- *Auf Wiedersehen bis zur nächsten Reise*

Mit Musik und Gesprächen klingt der Abend individuell aus.

INFO 22: DIE BUSTOUR

Wenn du manchmal das Gefühl hast, mit deinem Busfahrer „der dritten Art" zu begegnen, sei dir sicher, es ist eine Ausnahme.

Eine kleine Geschichte… (basierend auf einer wahren Begebenheit)

In schöner, nordirischer Landschaft fährt ein Bus mit 20 Gästen und dem zufriedenen Reiseleiter. Alle genießen die Natur, von Zivilisation keine Spur. Plötzlich hält der Bus an, der Fahrer steigt wortlos aus und läuft davon. Als er am Horizont verschwunden war, schauten sich Reiseleiter und Gruppe verwundert an. Handynetz – Fehlanzeige. Nach einer halben Stunde tauchte am Horizont ein Traktor auf. Als dieser näher kam, war der Busfahrer zu erkennen, der sich bei einem Bauern Diesel besorgt hatte (wie die Gruppe später erfuhr). Sichtlich erleichtert eröffnete er dem Reiseleiter, dass die Tankanzeige defekt sei und er sich diesel-technisch wohl verschätzt hatte. Alles aufgeklärt, konnte die Fahrt nach etwa einer Stunde weitergehen. Katastrophale Kommunikationspolitik vom Busfahrer, dem die Sache sichtlich peinlich war. Die Kunden lachten später über diese Kuriosität.

Eine freundliche Begrüßung und eine kurze Vorstellung der eigenen Person sind beste Voraussetzungen für gute Zusammenarbeit. Die Aufgaben des Reiseleiters und des Busfahrers sind nicht immer klar zu trennen, wie das Bild auf der folgenden Seite zeigt.

Es hilft, im Vorfeld zu klären, ob der Busfahrer den Weg und das Ziel kennt. Auch Pausenzeiten musst du vorweg abklären, denn die Gäste werden danach fragen. Es erfreut jeden Busfahrer, wenn du die Gäste dazu anhältst, ihren Müll zu sammeln und du eventuell sogar Tüten dafür austeilst. Kläre bitte ab, ob im Bus gegessen werden darf und teile dies selbst deinen Gästen mit.

In Punkto Sicherheit solltest du darauf achten, ob im jeweiligen Land Anschnallpflicht für Busgäste besteht. Wenn ja, bitte diese Regelung durchsetzen, denn der Busfahrer verantwortet die Missachtung und riskiert im Schadensfall seine Lizenz.

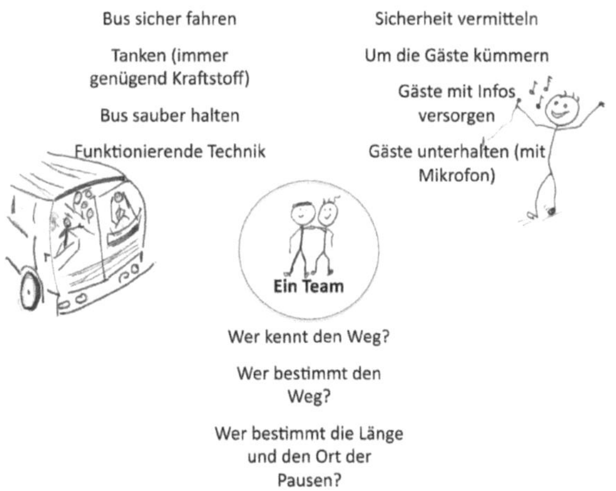

Es gibt Aufgaben, die eindeutig dem Busfahrer zuzuordnen sind, hier links im Bild aufgeführt. Eindeutige Reiseleiteraufgaben sind auf der rechten Seite im Bild zu finden. Grundsätzlich kann man sagen, der Busfahrer fährt und der Reiseleiter kümmert sich um die Gäste. Eine Reihe an Aufgaben sind aber nicht so eindeutig der einen oder anderen Person zuzuordnen. Hier ist es sehr wichtig, dass sich Reiseleiter und Busfahrer abstimmen. Das Funktionieren dieses Teams macht sich an den Aufgaben fest, die im Bild unten als Fragen, aufgeführt sind.

Schwierig ist es, wenn ein kooperatives Verhalten nicht gegeben ist. Eigensinnige Routenwahl (inklusive Wegverfehlungen), zu schnelles Fahren, fehlende Bereitschaft, Pausen einzulegen oder mangelnde Fahrsicherheit (am Fahrzeug) sind Probleme, die dir entgegentreten könnten. Was tun? In folgender Tabelle findest du ein paar Hinweise hierzu:

Problem: Eigensinnige Routenwahl, der Busfahrer hat sich verfahren.

Möglicher Umgang damit: Hast du das Gefühl, der Busfahrer hat sich verfahren, dann sprich den Busfahrer leise und für Dritte unauffällig an. Bestätigt sich dies, keine Diskussion, nimm einfach eine Karte, finde Eure Position und leite den Busfahrer entsprechend. Brauchst du zur Orientierung länger, einfach eine kleine WC-Pause an einer Tankstelle einschieben. Dort kann dir sicherlich jemand helfen, den aktuellen Standort in einer Karte zu finden, die du notfalls dort kaufen kannst

Problem: Zu schnelles Fahren.

Möglicher Umgang damit: Bitte den Busfahrer darum langsamer zu fahren, weil du etwas zur Umgebung sagen möchtest bzw. schiebe die schöne Landschaft als Grund vor, langsamer zu fahren. Funktioniert das nicht, bleibt nur noch die Anweisung, langsamer zu fahren (im Zwiegespräch, ohne dass dies die Kunden mitbekommen).

Problem: Fhlende Bereitschaft, Pausen einzulegen.

Möglicher Umgang damit: Vielleicht findest du auch hier einen Grund (Geld holen, einkaufen, Foto machen), den du verschieben kannst. Auch die Verhandlung einer kurzen Pausenzeit wäre möglich. In letzter Instanz musst du Dich aber auch hier durchsetzen, notfalls mit freundlicher aber bestimmter Wortwahl.

Problem: Mangelnde Fahrsicherheit am Fahrzeug.

Möglicher Umgang damit: Abgefahrene Reifen oder andere technische Mängel solltest du auf jeden Fall reparieren lassen, auch wenn damit der Zeitplan hin ist. Wenn dir technische Mängel auffallen, weise den Busfahrer darauf hin, dass diese zuerst behoben werden müssen. Gibt es Widerstand, dann melde Dich umgehend bei deinem Reiseveranstalter. Notfalls verweigerst du die Weiterfahrt, indem die Gruppe einfach nicht mehr in den Bus einsteigt. In letzter Instanz musst du dann das Thema vor der Gruppe öffnen, um ein Einlenken von Seiten des Busfahrers zu erzwingen.

INFO 23: DIE STADT ENTDECKEN

WIE GEHT'S FUSS UND PER BUS DURCH DIE STADT?

Es gibt verschiedene Arten, eine Stadt mit einer Gruppe zu entdecken: zu Fuß, per Fahrrad oder in einem motorisierten Fahrzeug (meist Bus). Eine neue Form der Fortbewegung hat in der Stadtführung Einzug gehalten: die Segways. In diesem Buch finden die fußläufige Stadtführung und die Stadtrundfahrt mit dem Bus Beachtung, zwei typische Formen im Rahmen einer Gruppenreise.

Grundsätzlich musst du Dich auf eine Stadtführung im besonderen Maße vorbereiten, da hier eine Fülle an Informationen in kurzer Zeit vermittelt werden soll. Aber es gilt auch, die Gäste nicht zu überfordern, indem du pausenlos erzählst. Zunächst sollte dir klar sein, welche Informationen du während einer Stadtführung vermitteln willst. Hier sollen fünf Informationsbereiche unterschieden werden:

→ Einführende Informationen zur Stadtentwicklung

→ Highlights (Haltepunkte)

→ Anekdoten, Kuriositäten und Berühmtheiten

→ Tipps (Shopping, Restaurants & Pubs, Kunst & Kultur, Parks)

→ Orientierung in der Stadt

. . .

Einführende Informationen zur Stadtentwicklung kannst du in einem Vortrag bereits am Vorabend oder auch zu Beginn der Stadtführung geben. Zehn Minuten reichen für einen ersten Überblick aus.

Highlights (Haltepunkte) zeigen die Besonderheiten der Stadt und schaffen für den Gast eine Verbindung zwischen dem, was er vermutlich kennt (aus Katalog und Reiseführer) und der gerade erlebten Stadtrealität.

Anekdoten, Kuriositäten und Berühmtheiten bieten sich an, um Wartezeiten zu überbrücken (z.B. rote Ampel oder Stau bei einer Busrundfahrt). Außerdem werden Städte auf diese Weise lebendig. Auch lockern solche kleinen Geschichten deine Stadttour auf (Entertainment).

Tipps zum Shopping sind dann von Bedeutung, wenn die Gäste noch die Möglichkeit haben, die Stadt auf eigene Faust zu erkunden. Informationen zu Essen & Trinken, Kunst & Kultur und Entspannung reichen den meisten Gästen für ihre Erkundungen. Fehlt noch das Entertainment - also Tipps zu Veranstaltungen am Abend (wenn von Belang).

Orientierung in der Stadt zu verschaffen, ist eine wichtige Aufgabe einer Stadtführung. Einfache Orientierung geben markante Objekte (Türme, Kirchen, Hochhäuser), Gewässer (Fluss, Meer, See) oder Straßenachsen und Plätze. Diese Orientierungen solltest du mit den Himmelsrichtungen in Verbindung bringen, damit die Kunden sich auch auf den Karten zurechtfinden. Für eine sichere Orientierung reicht es nicht, nur ein Objekt zu benennen (z.B. einen Turm). Hilfreich ist es, zwei oder drei Objekte zu finden (z.B. unser Treffpunkt liegt zwischen dem Dom und dem Fernsehturm). Auch eine flächenmäßige Orientierung hilft (z.B. ein Fluss teilt die Stadt in die Nord- und Südstadt, unser Treffpunkt liegt in der Südstadt).

Eine schöne umweltfreundliche und preisgünstige Art die Stadt zu erkunden, ist zu Fuß unterwegs zu sein. Auch hier gilt das eben Erläuterte. Für eine Stadterkundung zu Fuß lassen sich zwei Möglichkeiten unterscheiden: der Stadtspaziergang und die Stadtwanderung.

Stadtspaziergang

→ dauert ca. eine Stunde (keine Pausen nötig)

→ innerstädtischer Bereich, meist 1-2 Stadtteile (z.B. Altstadt)

→ geringes Laufpensum (2-4 km)

→ hohe Dichte an Informationspunkten

→ meist passives Zuhören der Gäste

→ Ergänzung zu einer Busrundfahrt oder für interessante verkehrsberuhigte Stadtbereiche geeignet (z.B. Altstadt)

→ Führung durch den Reiseleiter bzw. einen ortskundigen Gästeführer für alle Reisegruppen ohne Einschränkungen geeignet

Stadtwanderung

→ dauert ca. 2-4 Stunden (ggf. eine Pause)

→ umfasst mehrere Stadtteile und ggf. auch die Umgebung der Stadt (Parks, ländliche Stadtrandgebiete)

→ hohes Laufpensum (10-15 km)

→ geringe Dichte an Informationspunkten bzw. Informations-Cluster planen

→ aktive Beteiligung durch die Gäste (z.B. Stadtrallye, Lückentext ausfüllen, nächste Info-Punkte selbst finden)

→ geeignet für: kleine und mittelgroße Städte mit attraktiver Umgebung; hektische Großstädte mit schönen Parkanlagen

→ Führung durch den Reiseleiter für Aktivreisegruppen (Wandergruppen) geeignet

Wenn du mit einer Reisegruppe zu Fuß in der Stadt unterwegs bist, dann gibt es ein paar Dinge zu beachten, damit die Gäste am Ende auch zufrieden sind und du nicht völlig erschöpft zu Boden sinkst (siehe *Checkliste 9* – Stadtführung zu Fuß).

Für die Stadtwanderungen (also die längeren Distanzen) gibt es noch ein paar zusätzliche Dinge zu beachten. Wenn du mit der Gruppe für 3-4 Stunden in der Stadt herumläuft, dann empfehle im Vorfeld bequeme Schuhe mit weichen, dicken Solen. Zuerst solltest du die Wanderung mit vielen Informationen untermauern, im weiteren Verlauf dominiert dann die Wanderung, da die Aufnahmefähigkeit nachlässt. Für die Pausen empfehlen sich verkehrsberuhigte Plätze, große Freitreppen und vor allem Parkanlagen, um sich vom Trubel des Stadtgetümmels wieder zu erholen. Wenn du im Sommer mit einer Gruppe eine kleine Siesta in einem Park einlegst, dann ist dies ein ganz besonderes Erlebnis, bei dem die Atmosphäre der Stadt aufgenommen wird, ohne dass sich die Gäste mitten im Trubel befinden.

Bei einer Busrundfahrt musst du deine Stadtführung besonders flexibel gestalten können. Wenn du in eine „grüne Welle“ kommst, dann kann es sein, dass in Windeseile drei Highlights an dir und der Gruppe vorbeirauschen. Du bist gerade mal dazu gekommen für die erste Erklärung Luft zu holen. Zwischen zwei weiteren Highlights steht der Bus dann an einer schönen Baustellenampel für fünf Minuten.

Extra Info!

Schreib deine Ausarbeitungen auf unterschiedlich gefärbtes Papier oder markiere die Infos auf einem Papier. Eine Farbe ist für die Highlights und eine Farbe für die Pufferinformationen (Anekdoten, Kuriositäten, Prominente der Stadt).

Klar definiert sollte bei einer Busfahrt die Route sein, die der Bus fahren soll. Hier musst du Dich mit dem Busfahrer abstimmen. Gehe davon aus, dass der Busfahrer nicht einfach zwischendurch anhalten kann. Du musst deine Informationen im Vorbeifahren an den Mann und die Frau bringen. Auch hier hilft es, den Gästen im Vorfeld eine Karte auszuhändigen – wer will, kann die Route dort verfolgen.

Extra Info!

Kommst Du an einem Highlight vorbei, gib die Informationen im Diagrammstil wieder. Es bleibt oft wenig Zeit, wenn ein Bus nur vorbeifährt. Vergiss Jahreszahlen und Namen, die merkt sich sowieso niemand. Für einen ersten Überblick reichen historische Epochen (z.B. Mittelalter) oder Jahrhunderte (z.B. 19. Jh.).

INFO 24: FÜHRUNGEN IN HISTORISCHEN STÄTTEN

VERGANGENHEIT ALS ATTRAKTION AUF REISEN VERSTEHEN.

Für deine touristische Praxis sollen die folgenden Punkte das Blickfeld für die eigene Arbeit weiten und die Entwicklung neuer Ideen stimulieren. Dazu richten wir zuerst den Blick auf historische Attraktionen und ihre Besonderheiten; dann betrachten wir die Bedürfnisse und Erwartungen deiner Gäste beim Besuch eines solchen Ortes. Und schließlich findest du eine Reihe praktischer Tipps und Hinweise für die Umsetzung der Besichtigung.

Fangen wir an mit dem Thema Heritage. Eine Vielzahl an Einflüssen bestimmt den Prozess der Entstehung und touristischen Entwicklung von Heritage. Heritage-Tourismus wird in diesem Zusammenhang in erster Linie als ein gesellschaftliches und in zweiter Linie als ein touristisches Phänomen betrachtet. Die Werte und Normen einer Gesellschaft bestimmen, in welcher Art und Weise Heritage wahrgenommen wird. Heritage repräsentiert demnach nur die Elemente der Vergangenheit, die eine Gesellschaft bereit ist, zu erhalten.

Extra Info!

Wieso Heritage-Tourismus?

Der gesellschaftliche Umgang mit Kultur und Vergangenheit hat sich vor allem in den letzten drei Jahrzehnten verändert. In unterschiedlicher Weise steht diese Entwicklung mit dem Begriff Heritage in Verbindung. Heritage wird beispielsweise in Form von Natural und Cultural Heritage oder Humanity's Heritage von der UNESCO als schützenswertes Gut betrachtet. Die Anfänge dieser Entwicklung gehen bereits in die 1970er Jahre zurück. Im Jahr 1975 trat die erste internationale Konvention zum Schutz des Kultur- und Naturerbes der Welt in Kraft (Beschluss der Generalkonferenz der UNESCO in Paris, 17. November 1972). Die zu schützenden Objekte und Regionen werden seitdem als World Heritage bezeichnet. Zur gleichen Zeit entstand in Nordamerika eine größere Zahl an Heritage-Zentren, die für ein breites Publikum Informationen zu historischen Stätten aufbereiten.

Bezeichnungen wie Heritage Hotels, Heritage Food oder Heritage Products lassen vermuten, dass mit Heritage ein bestimmtes positives Image verbunden ist, welches den Absatz anderer Produkte unterstützt. Damit ist eine weitreichende Kommerzialisierung des Begriffes Heritage zu beobachten. Im touristischen Kontext wird von Heritage Industry und von Heritage Tourism gesprochen. Hierzu zählen unter anderem Heritage Trails, Heritage Highways oder Folkparks. Allerdings ist hier keine Industrie im eigentlichen Sinne gemeint. Der Begriff Heritage Industry beschreibt eher die Art und Weise, wie Heritage aufbereitet, präsentiert und durch eine wachsende Öffentlichkeit nachgefragt wird. Heritage wird als nutzenstiftende Ressource unter ökonomischen Gesichtspunkten wahrgenommen und stellt damit ein marktfähiges Produkt der Gegenwart dar.

Was hat Nostalgie mit dir und der Vergangenheit zu tun? Unser Denken produziert unaufhörlich Geschichten aus der Vergangenheit. Diese werden entweder im negativen Zusammenhang oder, was viel häufiger der Fall ist, in einem sehr positiven Licht gesehen. Hierbei spielt das

Gefühl von Nostalgie eine große Rolle. Mit Nostalgie ist der Glaube der Menschen an eine einfache, schöne oder bessere Vergangenheit verbunden, also ein Bedürfnis nach Erinnerung an „die gute alte Zeit“. Dies erzeugt kurzzeitig ein positives Gefühl. Ein solches Bedürfnis steigert die Popularität von historischen Einrichtungen wie Heimatmuseen (Folk Parks). Dieser Einfluss, den Nostalgie auf Heritage ausübt, wirkt auf die heritage-touristische Nachfrage wie ein Katalysator. Dies bedeutet: Je stärker der nostalgische Charakter historischer Objekte ist, desto größer die Chance auf einen wirtschaftlichen Erfolg dieser Einrichtung.

Aus touristischer Sicht motiviert dieses nostalgische Gefühl viele Menschen, einen persönlichen Bezug zu Orten, Gebäuden oder Gegenständen herzustellen. Das könnten z.B. das Heimatland eines Auswanderers sein, Wohnhäuser, Arbeitsstätten oder auch Kriegsdenkmäler und Schlachtfelder.

Eine andere Situation, die das Bewusstsein von Nostalgie stärkt und damit die Identifikation mit Vergangenheit fördert, ergibt sich aus der Trennung (oder dem Bruch) zwischen den gesellschaftlichen Strukturen der Gegenwart und denen der Vergangenheit. Der Beginn dieses Bruches wird dem Zeitalter der Moderne, vor allem der sich seit der zweiten Hälfte des 19. Jahrhunderts entwickelnden Industrialisierung, zugeschrieben und hält bis in die heutige Zeit an. Weitere konkrete gesellschaftliche Ursachen für einen Graben zwischen Gegenwart und Vergangenheit können sein:

→ politische Veränderungen (z.B. ist mit der Auflösung der DDR in den neuen Bundesländern ein verstärktes Nostalgiedenken, oft als Ostalgie bezeichnet, zu beobachten)

→ Migration

→ die Zerstörung von gebauten oder sozialen Strukturen in Folge von Kriegen

→ Naturkatastrophen

. . .

Typische Gäste: Motive für die Nachfrage historischer Attraktionen

Es lassen sich zwei Arten von Besucherverhalten in historischen Attraktionen beobachten. Die einen besuchen einfach mal einen historischen Ort und die anderen befinden sich wahrhaftig auf einer Mission – z. B. einer Studienreise. Unterschiede werden hinsichtlich der Besuchermotivationen und Wahrnehmung des Erlebten deutlich. Die Motive des interessierten Studienreisenden liegen häufig in der besuchten Stätte selbst, den Artefakten und der zugehörigen Präsentation. Der „Einfach-mal-so- Besucher" hingegen folgt hauptsächlich dem damit verbundenen Freizeitvergnügen und der eigenen Erholung.

Für den Besuch einer historischen Attraktion sind demnach im Wesentlichen der Wunsch nach Bildung und soziale Motive ausschlaggebend. Zu den sozialen Motiven zählen Entertainment, Relaxen, Bewegung und Freude daran, sich etwas anzusehen. Die Grundlage bildet freizeitorientiertes Handeln, wozu z.B. „der täglichen Routine entfliehen" oder „an der frischen Luft sein" gehören. Weiter werden Heritage-Stätten überwiegend als eine andere Form des Museums oder als kulturbezogene Attraktion gesehen. Das Bewusstsein der Besucher, dass mit dem Erbe eine persönliche Vergangenheit einzelner Menschen zusammenhängt, ist eher nachrangig gegeben.

Auf der Basis einer empirischen Untersuchung entstand im folgenden eine zweidimensionale Nachfrage-Typologie. Die Entscheidung über den Besuch einer heritage-touristischen Destination bzw. Attraktion wird bestimmt durch das Verhältnis zwischen dem lernenden Element (Bildung) und dem gesuchten Erlebnis (Entertainment). Hieraus konnte die Tourismusforschung fünf Nachfragetypen benennen, die im unterschiedlichen Maße von den genannten Motiven geleitet werden. Im folgenden Bild werden diese dargestellt. Du wirst in deinen Gruppen höchstwahrscheinlich immer mehrere Nachfragetypen vorfinden. Dies beeinflusst deine Präsentation der Informationen und die Führung durch eine historische Stätte in hohem Maße. Es macht deutlich, wie wichtig es ist, deinen Gästen Zeit zu geben, damit die unterschiedlichen Interessen Raum finden.

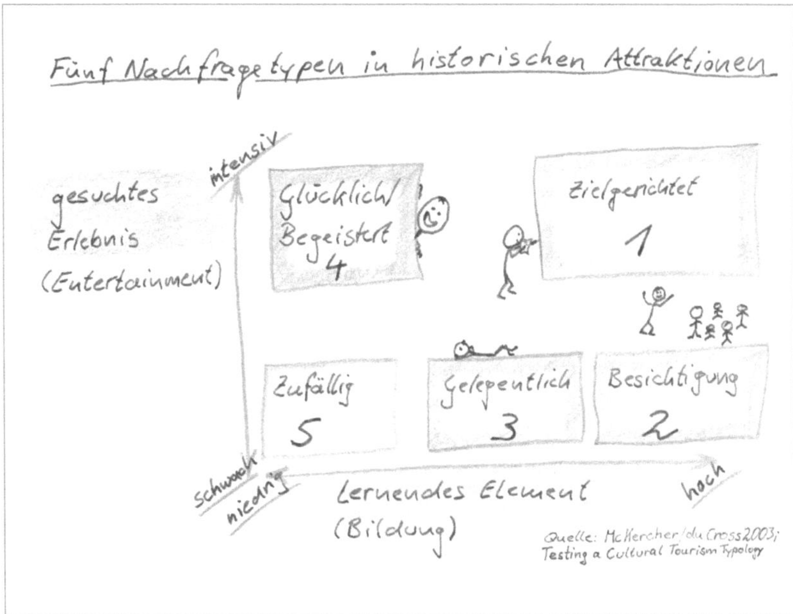

Besuchertypologie: Für Besucher einer Einrichtung, die als „zielgerichtet“ (1) charakterisiert werden, haben das Lernen über andere Kulturen, deren Heritage und die entertainment-orientierte Präsentation eine große Bedeutung. Für Besucher der Kategorie 2 spielt das lernende Element eine entscheidende Rolle. Der Entertainment-Charakter steht eher im Hintergrund. Für Menschen, die eine Einrichtung „gelegentlich“ (3) besuchen, ist der Wille, etwas Neues über das besuchte Objekt zu lernen nur begrenzt vorhanden. Auch bedarf es großer Anstrengung, ein nachhaltiges Erlebnis zu erzeugen. Bei Touristen der Kategorien „glücklich“ (4) und „zufällig“ (5) spielt das Lernen eine geringe Rolle. Wer „zufällig“ (5) auf eine Heritage-Einrichtung stößt, ist auch durch ein gutes Entertainment wenig zu beeinflussen. Besucher der Kategorie 4 hingegen lassen sich durch die Präsentation mitreißen.

Ein wenig Orientierung für deine Führung durch historische Stätten: Die allgemeinen Ausführungen zu Zielgruppen (also der diesbezüglichen Nachfrage) und dem Umgang mit Heritage (also Vergangenheit) sollen dir helfen, die Besuche in histori- schen Einrichtungen, kundengerecht zu begleiten. Dabei ist es von besonderer Bedeutung, möglichst viele der unterschiedlichen Erwartungen und Wünsche deiner Gäste zu bedienen.

Für deine Vorbereitung auf einen Besuch einer Heritage-Attraktion hilft es dir:

→ eine Info-Broschüre für jeden Gast zu haben

→ das Thema der Attraktion hinsichtlich seiner Einordnung im großen Ganzen zu kennen

→ sich auf Detailwissen in Form von Stories zu stützen

→ eigene Notizkarten (mindestens Schriftgröße pt16) anzufertigen

Du kannst davon ausgehen, dass ein Teil deiner Gäste wirkliches Interesse an Informationen über die historischen Zusammenhänge hat. Für diese Gäste ist es kein Qualitätsmerkmal, wenn dein Wissen ausschließlich aus Reiseführern stammt, die deine Gäste womöglich selbst bereits kennen. Versuche in den Einrichtungen selbst nach Informationsmaterial Ausschau zu halten. Manche historische Stätten oder Museen betreiben eigene Forschungsarbeit. Hier hilft es auch, die Fachpublikationen einzelner Wissenschaftler zurate zu ziehen. Diese enthalten oft eine Zusammenfassung zum historischen Geschehen des präsentierten Themas. Für die Wissensvermittlung kannst du, wie auch bei Stadtführungen, technische Hilfsmittel zur Unterstützung einsetzen, z.B. Audio-Guide, Apps, QR-Code oder Geo-Cashes.

Hierbei gilt: Diese Informationen sollten nicht für sich allein stehen. Vielleicht findest du eine interessante Geschichte? Diese kann mit dem historischen Thema oder auch mit der Einrichtung als Heritage-Attraktion in Verbindung stehen. Immer öfter ist zu beobachten, dass die Konservierung und Aufbereitung der Artefakte und die Zusammenstellung von Ausstellungen selbst zum Thema der Attraktion werden. Z.B. ist es manchmal spannend zu erfahren, wie einzelne Artefakte den Weg in das Museum gefunden haben.

Für die Führung selbst solltest du nicht länger als eine Stunde einplanen. Das hat wiederum mit den Zielgruppen zu tun. Erinnere Dich, neben den wirklich interessieren Menschen gibt es viele Gäste, die das Erlebnis und den touristischen Rahmen eher im Fokus haben. Deren Bereitschaft, sich tief gehende Zusammenhänge zu historischen Ereignissen anzusehen, Jahreszahlen und viele bedeutende Namen zu hören, ist begrenzt. Daher solltest du bei deiner Führung einen Überblick vermitteln und Tipps geben, was sich die Gäste im Anschluss noch mal in Ruhe allein ansehen können. Zu Beginn deiner Führung geht es aber erst einmal darum zu klären:

→ wo sich die Toiletten befinden

→ wo der Souvenirshop ist

→ wo das Cafe oder das Restaurant zu finden sind

→ wie lange im Anschluss Zeit zur freien Verfügung bleibt

→ wann sich die Gruppe wo wieder trifft

Nach deinem Rundgang kann es sein, dass Dich die Interessierten noch mit Fragen festhalten und die weniger Interessierten bereits das Weite suchen. Dann ist es gut, alle organisatorischen Informationen bereits an die Gruppe gegeben zu haben.

Nun kann die Führung mit einer kurzen Übersicht zum Rundgang und zu den Themen , die du ansprichst, beginnen. Versuche, so oft wie möglich, Inhalte in kleine Geschichten zu packen. Verbinde diese Inhalte mit Menschen und kleinen Episoden. Wenn du z.B. über das alltägliche Leben auf einer mittelalterlichen Burg sprichst, dann beginnst du vielleicht wirklich mit dem Aufstehen zur damaligen Zeit. Nimm dir drei Gäste heraus, die einzelne Personen darstellen. Beschreibe, was diese Personen damals so tun würden und lass die Gäste selbst kommentieren, ob sie diese Aufgaben mögen oder nicht (vielleicht Kühe melken, Feuer machen?). Versuche weiter, Verbindungen zwischen dem besuchten Ort und anderen Orten oder Ereignissen zu finden. Z.B. könntest du bei einem längst versandeten Hafen sagen, dass hier noch Segelschiffe vor Anker gelegen haben, als die Titanic sank. Vielleicht hat ja ein Schiff, das dort vor Anker lag,

Waren zur Titanic gebracht, bevor sie zu ihrer letzten Fahrt in See stach?

Als guter Reiseleiter, der die Aufmerksamkeit seiner Gäste bekommen will, solltest du keine Objektbeschreibung betreiben. Oft ist das ein Zeichen, dass sich die Reiseleitung nicht gut auskennt und sich nicht gründlich auf den Besuch der Einrichtung vorbereitet hat. Nutze lieber einen Audio-Guide oder ein Internetvideo, wenn du wenig zur Historie eines Gebäudes zu sagen hast, anstatt ein Gebäude einfach nur zu beschreiben, wie es da steht. So komisch das vielleicht für Dich klingt, nicht wenige Reiseleiter tun genau das.

Beziehe vielmehr deine Gäste in das Geschehen ein. Z.B. indem du einen Gast bit- test, mal kurz vorzulesen, was auf der Infotafel geschrieben steht. Oder vielleicht veranstaltest du einen kleines Quiz, hast etwas zum Anfassen dabei oder inszenierst einfach eine Begegnung zweier namhafter Herrscher aus dieser Zeit. Das kann mit einer kleinen Verkleidung umrahmt eine wirklich lustige Abwechslung zu den Geschichtsdaten und Informationen werden. Vor allem ist spannend zu erfahren, wie sich die Akteure in Rollen gefühlt haben – herrschaftlich?

Nach deiner Führung sollte dann noch etwas Zeit zur freien Verfügung bleiben. Idealerweise ist das mehr als eine Stunde, denn Toilettenbesuch, einen Kaffee trinken und noch eine Sache genauer anschauen dauert halt. Tipps, was es noch zu sehen gibt (da hast du vielleicht bewusst einen Teil bei deiner Führung ausgelassen), wiederholst du noch einmal. Vielleicht willst du deinen Gästen auch eine Aufgabe oder ein Rätsel mitgeben, das sie zur aktiven Entdeckung der Geschichte des Ortes animiert. Du bleibst für die Zeit, die zur freien Verfügung steht, idealerweise möglichst an einem Ort, z.B. im Café. Damit bist du Anlaufstelle für Fragen. Na dann, kann es ja losgehen, im nächsten Kloster, Schloss, oder Freilichtmuseum.

INFO 25: DIE WANDERTOUR

Wenn du als Reiseleiter oft unterwegs bist, dann ist es zu empfehlen, sich einen standardisierten Ablauf der Vorbereitungen anzugewöhnen. Hierzu gehört die Vorbereitung des Gepäcks, also deine sieben Sachen (siehe *Checkliste 10*: Meine 7 Sachen – Wandertour). Weiter gilt es, das nötige Equipment vorzubereiten, welches du auf deinen Reisen benötigst.

Auf einer Wanderung ist der Reiseleiter im besonderen Maße als Fachmann gefragt, der den Weg kennt, ein Auge auf die Sicherheit hat (z.B. richtiges Schuhwerk), das Gelände kennt (Absturzgefahr), das Wetter einschätzen kann (Gewitter und Sturm) und die Fähigkeiten der Gruppe (und einzelner Teilnehmer) richtig bewertet. Deine Sorgfaltspflicht gegenüber deinen Gästen, die weder die Wanderung noch das Gelände kennen, steht über den Wünschen Einzelner. Im Unglücksfall gilt die Frage: Hast du genug getan, um dieses Unglück zu verhindern? (...und nicht: Hast du alle Wünsche aller Teilnehmer erfüllt?)

Klare Ansagen und eine Gruppe, die das macht, was du vorgibst, sind hierbei wichtige Voraussetzungen. Im Einzelnen bedeutet dies:

→ Die Ausrüstung für eine Wanderung (z.B. richtiges Schuhwerk) musst du im Vorfeld prüfen. Gibt es Defizite, musst du die Wanderroute ändern oder einzelne Gäste nicht mit auf die Wanderung nehmen.

→ Wetter (vor allem lokale Besonderheiten) solltest du kennen und aktuell abgefragt haben (am Abend vorher und kurz vor der Wanderung).

→ Schwieriges Gelände (z.B. weglos) sollte dir vertraut sein, bevor du Gäste dorthin führst.

→ Die Fähigkeiten der Gäste (z.B. Kondition) musst du im Vorfeld prüfen.

Extra Info!

Windverhältnisse können beim Wandern eine wichtige Rolle spielen. Nicht selten führt eine Wanderung auf Berge, wo der Wind stärker weht als im Tal. Vor allem abseits der Wege sollte bei allzu starkem Wind gut überlegt werden, ob die Sicherheit gegeben ist oder nicht (hier eher defensiv entscheiden). Ebenso sollte vor Fährfahrten auf kleinere Inseln ein Blick auf das Wetter gerichtet werden. Bei starkem Wind fahren die Fähren nicht. Ein Alternativprogramm sollte dann parat stehen.

Wie macht man das, die Kondition der Gäste prüfen? Zu Beginn einer Wanderreise unternimmst du in der Regel leichte Wanderungen, die sich gut dafür eignen, die Gruppe wandertechnisch kennen zu lernen. Was willst du eigentlich herausfinden, wenn es um Kondition und Wanderfähigkeit der Gruppe geht? Nachstehend findest du einige Punkte und Lösungsvorschläge aufgeführt:

Geschwindigkeit der Gruppe auf gutem Untergrund: Du kannst offen mit diesem Punkt umgehen, indem du der Gruppe ankündigst, jetzt ein wenig schneller zu wandern. Dies hilft dir, für spätere Wanderungen die Wanderzeiten einzuschätzen. Dann setzt du Dich an die Spitze und gehst zügig, aber ohne Hast eine entsprechende Strecke (2-3 km reichen aus). Unterhalte Dich dabei mit den Leuten an der Spitze. Wenn die Unterhaltungen abbrechen, bist du zu schnell. Schau Dich um: Hat sich die Gruppe auseinander gezogen? Wenn ja, dann ist dies eine inhomogene Wandergruppe. Du musst um so genauer schauen, wer warum im hinteren Bereich läuft.

Wer sind die konditionell Schwächsten? Du gehst nun (direkt nach dem zügigen Marsch) ans Ende der Gruppe. Vorn machst du einen Treffpunkt aus (z.B. nächste Weggabelung, nächster Pub). Mit den Gästen am Gruppenende fängst du ebenfalls ein unverfängliches Gespräch an und schaust ob sie dir antworten oder nach Luft ringen (Kondition). Du musst hier die Fotografen von schwachen Wanderern unterscheiden. Trödler sind nicht unbedingt schwache Wanderer.

Wer sind die Trödler? Ein Indiz für einen Trödler ist die Kamera, die knipsbereit um den Hals des Verdächtigen hängt. Aber auch redselige Zeitgenossen könnten in diese Kategorie fallen. Ein kleines Gespräch bei leicht beschleunigtem Wanderschritt wird dies schnell zutage fördern. Wenn es auf Wanderungen später auf den Zusammenhalt der Gruppe ankommt, dann gibst du diesen Gästen (wenn sie konditionell fit sind) einfach eine Gruppenaufgabe. Z.B.: „Kannst du Edeltraud bei Bedarf unterstützen, sie ist nicht so trittsicher?“

Geschwindigkeit bergauf: Bei einer ersten Steigung gehst du genauso vor, wie bei einem Geschwindigkeitstest auf gutem Untergrund. Es ist gut möglich, dass die Gruppe auf einem befestigten Weg sehr schnell unterwegs ist, am Hang aber rapide abfällt. Auch ist es gut möglich, dass sich nun ganz andere Personen am Ende der Gruppe aufhalten und große Mühe haben, mitzuhalten. Aus diesen Gründen ist ein solcher kleiner (unauffälliger) Test ratsam, bevor eine anspruchsvolle Wanderung startet.

Trittsicherheit im Gelände: Kommst du ins Gelände, dann kannst du die Trittsicherheit testen, indem du für ein paar Hundert Meter vom Weg abgehst (z.B. um den Gästen etwas zu zeigen). Diese kurze Strecke reicht, um zu sehen wie sich die Gruppe im Gelände bewegt. Wenig trittsichere Gäste (das sind meist auch die mit der geringen Kondition) nimmst du später auf schwierigen Wanderungen direkt hinter Dich in der Reihe. Das kannst du auch kommunizieren, wenn die Wegführung schwierig wird.

Gibt es Gruppenmitglieder mit Höhenangst? Bevor du mit deiner Gruppe in luftige Höhen aufbrichst (vor allem wenn die Berge kahl sind), sprich das Thema Höhenangst an. Bergauf fällt es gar nicht auf, wie schnell man an Höhe gewinnt. Steht man dann auf der Bergspitze, hat die eine Fraktion einen traumhaften Blick und die andere gerät beim Anblick ins Tal in Panik. Es sind schon Gäste mit viel Mühe, Unterstützung und Todesangst wieder vom Berg gestiegen (allerdings in der vierfachen Zeit als geplant).

Gibt es Widersacher, Draufgänger und besonders ängstliche Teilnehmer? Schwierige Kunden bleiben bei deinen Touren nicht aus. Am einfachsten ist auf Wandertouren der Umgang mit Ängstlichen. Du bittest diese Gäste, in deiner Nähe zu bleiben und kommentierst (vor allem auf schwierigen Abschnitten) Schritt für Schritt. Auf diese Weise sind die ängstlichen Gäste abgelenkt und sie wissen, was zu tun ist bzw. was als Nächstes passiert. Phrasen wie: *„...das ist ganz leicht...“*, *„...das schaffst du schon...“*, *„...einfach hier runter gehen...“* helfen überhaupt nicht weiter. Im Gegenteil, sie machen die Leute noch unsicherer.

Schwieriger ist es mit den Draufgängern und Widersachern. Draufgänger müssen immer zurückgehalten werden, damit sie die Gruppe und sich selbst nicht gefährden. Da hast du in der Regel Stress, weil du immer ein Auge auf diese Leute halten musst. Gruppenbezogene Aufgaben (z.B. *„...pass mal auf die Trude auf...“*) kann man diesen Leuten nicht anvertrauen, da ihnen die Sensibilität für Sicherheit fehlt. Da sind dann zwei Menschen in Gefahr. Widersacher hingegen widersetzen sich gern dem Reiseleiter, weil sie es selbst

„besser“ wissen. Z.B.: *„Ich wandere schon seit über dreißig Jahren und jetzt kommst du und willst mir sagen, wo es langgeht!“* Da hilft nur eins: klare und bestimmte Ansage, denn hier bist du der Chef!

Auf einer Wanderung kommt es vor, dass einige Gruppenmitglieder an ihre Grenzen kommen. Hier ist Motivation gefragt. Auch wenn die einzelnen Wanderungen gar nicht so anstrengend sind, nicht alle Gäste sind es gewohnt, mehrere Tage am Stück zu wandern. Die Frage: „Wie weit ist es noch?“ dringt dann in regelmäßigen Abständen an dein Ohr. Ein typisches Reiseleiterklischee ist es zu sagen: *„Es ist nicht mehr weit.“* oder *„Nur noch 10 Minuten...“*. Deine Glaubwürdigkeit schwindet nachhaltig, wenn du mit solchen Falschaussagen entlarvt wirst. Besser ist es, bei der Wahrheit zu bleiben. Entweder du kennst die Distanz bzw. Restzeit bis zum Ziel oder du schätzt großzügig. Das positive Gefühl, wenn ein Ziel doch früher erreicht wurde, prägt sich nachhaltig auf das Empfinden zur gesamten Wanderung ein. Motivation zum Durchhalten erreichst du demnach mit der Wahrheit.

Eine andere Hilfestellung ist gegeben, wenn du etwas Positives in Aussicht stellst (z.B. einen heißen Tee im Pub am Zielpunkt). Auch die Anerkennung des bisher Geleisteten hilft den Gästen, die sich gerade mit Selbstzweifeln plagen. Sollte ein Gast mal an seine Grenzen gekommen sein, dann hilft es vielmehr aktive Unterstützung zu geben (z.B. indem sein Tagesrucksack von einer anderen Person getragen wird oder indem sich ein Gast um diese Person kümmert, sie begleitet), als nur gute Worte auszuteilen. Diese Teamarbeit motiviert den Betroffenen genauso wie die anderen Kunden.

In der Regel sind Wandergruppenreisen nicht über die Maßen anstrengend. Das bedeutet, die Gruppe muss nicht immer mit militärischer Disziplin und Gehorsam geführt werden. Du musst nicht immer als Leitfigur vorneweg traben. Eine Gruppe lässt sich auch, ganz unauffällig, indirekt steuern. Da sind weder Ansagen noch Erklärungen nötig. Wie das geht, dass soll an einigen Beispielen kurz dargestellt werden.

Gruppensteuerung durch feste Regeln: Du vereinbarst mit der Gruppe, dass die vordersten Wanderer an jeder Abzweigung Sichtkontakt mit dir und einem benannten letztem Mann aufnehmen. Idealerweise trägt der „letzte Mann“ etwas farblich Markantes (z.B. der Regenschutz des Wanderrucksacks oder eine Warnweste). Auf diese Weise bleibt die Gruppe zusammen und du kannst dich mitten hinein mischen.

Markante Objekte: Wenn du eine Wanderstrecke gut kennst, dann kannst du der Spitzengruppe ein markantes Objekt beschreiben, an dem sich alle treffen. I.d.R. sind die Wanderer an der Spitze auch gut in der Orientierung und meistern solche „Herausforderungen“.

Kurze Info: Wenn sich die Gruppe zu weit auseinanderzieht, dann nervt es die Kunden an der Spitze, wenn sie immer wieder auf die „Schlusslichter“ warten müssen. Du kannst selbst in der Spitzengruppe laufen und von Zeit zu Zeit eine kleine Information zu einem Objekt etc. am Wegesrand geben. Dann kommt die Gruppe zusammen und das Gefühl, auf jemanden warten zu müssen, tritt in den Hintergrund.

Sei beeindruckt: Eine andere Möglichkeit, die Spitzenläufer zu bremsen, ist deine Begeisterung über die Landschaft zu kommunizieren. Du läufst wieder bei den schnellen Wanderern, bleibst an einem schönen Ausblick stehen und äußerst deine Begeisterung über diese Schönheit. Ist der hintere Teil der Gruppe etwas aufgerückt, dann kannst du vorn schon (langsam) weitergehen. Damit zieht sich die Gruppe nicht endlos in die Länge.

Geschwindigkeit erhöhen im Gespräch: Wenn du eine Gruppe dazu bewegen willst, schneller zu laufen, dann musst du die Wanderer am Ende „beschleunigen“. Manchmal hilft es, wenn du die „Problemwanderer“ in ein Gespräch verwickelst, in dem du vornehmlich redest. Langsam erhöhst du dann die Gehgeschwindigkeit. Dieser Trick funktioniert nicht immer, aber immer wieder.

Leitwolfeffekt: Wenn sich die Gruppe sehr stark auf Dich ausrichtet, dann kannst du Dich für ein zügigeres Fortkommen auch an die Spitze setzen und langsam schneller laufen. Dies funktioniert umso besser, wenn du der Gruppe vorher Freiräume gegeben hast (z.B. zum Fotografieren) und dies wieder in Aussicht stellst. Eine zügige (sportlich herausfordernde) Wanderung sollte die Ausnahme bleiben, damit die Gäste nicht den Eindruck gewinnen, sie seien auf der Flucht.

Auf einer anspruchsvollen Wanderung in schwierigem Gelände solltest du als Reiseleiter aber auf jeden Fall die Führung übernehmen. Hier gilt es, vor Beginn der schwierigen Wanderstrecken die Gruppe zu organisieren. Das folgende Bild zeigt, wie das gehen kann.

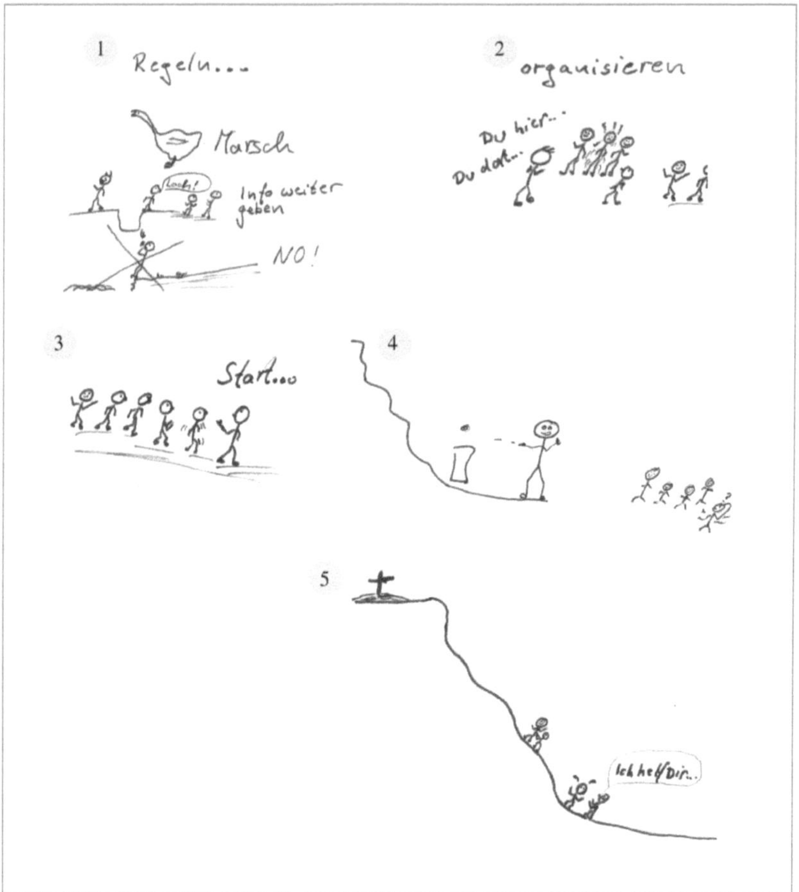

Zuerst gilt es, die Gruppe darüber zu informieren, dass die Wanderung nun etwas anspruchsvoller wird und daher Aufmerksamkeit gefragt ist. Organisiere nun die Gruppe. Direkt hinter dir gehen die unsicheren und langsam laufenden Gäste. Die starken Wanderer gehen am Schluss und passen von dort aus auf die Gruppe auf. Gib ein paar Regeln bekannt. Alle Personen gehen hintereinander (das reduziert die Möglichkeit für ablenkende Gespräche). Hindernisse oder Gefahren werden an den Hintermann weitergegeben. Fotografieren während des Gehens ist nicht gestattet, dafür gibt es besondere Pausen. An schwierigen Stellen helfen sich die Wanderer gegenseitig, denn Ihr seid ein Team. Erfahrene Wanderer können hier ihre Stärke zeigen. Nun kann es losgehen.

INFO 26: DIE RADTOUR

Wenn du als Reiseleiter oft unterwegs bist, dann ist es zu empfehlen, sich einen standardisierten Ablauf der Vorbereitungen anzugewöhnen. Hierzu gehört die Vorbereitung des Gepäcks, also deine sieben Sachen (siehe *Checkliste 11*: Meine 7 Sachen – Fahrradtour). Weiter gilt es, das nötige Equipment vorzubereiten, welches du auf deinen Reisen benötigst.

Auch beim Radfahren ist es wichtig, zu Beginn heraus zu finden, wie sportlich die Gruppe ist (Gruppenkondition), die du während einer Tour führen wirst. Die Herausforderung bei einer Radtour liegt vor allem am Berg. Aber auch Gegenwind, ein schlecht eingestelltes Fahrrad oder falsche Kleidung (z.B. Jeanshose) beeinflussen das Vorankommen einer Radgruppe enorm. Grundsätzlich kannst du davon ausgehen, dass sich die Kondition in einer Radgruppe im Verlauf der Tour ändert. Meist fällt es den Gästen am zweiten oder dritten Tag am schwersten, die Tagesetappen zu meistern. Eine kurze Tagesstrecke oder ein radfreier Tag wirken hier oft Wunder.

Beim Radfahren helfen dir folgende Hinweise, um die physischen Rahmenbedingungen einer Radgruppe einschätzen zu können. (Schau hierzu bitte auch noch ein- mal in *Info 25* nach.)

Kann die Gruppe insgesamt zügig fahren? Auf einer wenig befahrenen Straße setzt du Dich an die Spitze und trittst ein wenig in die Pedale. Schnell zeigt sich, wie sich die Gruppe entwickelt. Wichtig ist, langsam schneller werden, sonst klappt dieser Test nicht richtig. Zieht sich die Gruppe schnell auseinander oder wird der Abstand zwischen dir und der Gruppe schnell größer, musst du etwas genauer auf die Kondition schauen.

Wie ändert sich das Fahrverhalten am Berg (bergauf und bergab)? Am Berg zeigt sich oft ein anderes Bild von einer Gruppe als im flachen Gelände. Grundsätzlich sollte jede Person am Berg ihr Tempo fahren. Von Interesse ist vielmehr, wer vom Fahrrad absteigt. Dies ändert deine Zeitplanung auf Radtouren mit Steigungen erheblich. Ein anderer Fakt ist am Berg noch von Bedeutung: Es gibt Kunden, die sich nicht trauen, einen Berg hinab zu fahren bzw. dies sehr langsam tun. Auch das beeinflusst die Zeitplanung und birgt zusätzlich die Gefahr, von anderen Gästen belächelt zu werden (darauf solltest du achten).

Gibt es ein Ausreißerteam an der Spitze? Manchmal gibt es energiegeladene Radler, die schon kurz nach dem Start auf und davon sind. Solche Gäste kann man nur be- dingt im Zaum halten. Oft kennen sich diese Sportsfreunde auch gut mit der Karte aus. Es ist durchaus möglich, diesen Leuten zusätzliche Routenvorschläge zu unterbreiten. Wenn eine solche Flexibilität besteht, sind diese Gäste eher bereit, Rücksicht auf die Gruppe zu nehmen, wenn es darauf ankommt. Auf der anderen Seite ermüden einige der stürmischen „Rennfahrer" schnell und radeln nach 2-3 Tagen brav in der Mitte der anderen Gäste – Problem gelöst.

Wie gestaltet sich das Schlusslicht (Einzelkämpfer, Schlusslichtteam)? Sehr schwierig ist es, wenn ein oder zwei Personen immer das Schlusslicht bilden – weitab der Gruppe. In solchen Fällen musst du vor jeder Tagestour schauen, ob diese Gäste mitfahren können und wollen. Erkläre sehr detailliert die Route des nächsten Tages (und zwar allen Gästen, damit sich die Schlusslichter nicht diskriminiert fühlen), vor allem Steigungen und Windrichtung. Gib eine Einschätzung ab, wo es anstrengend wird und wo es unterwegs keine Alternativen gibt, frühzeitig abzubrechen. Außerdem solltest du dir immer Gedanken über ein Alternativprogramm für diese Gäste machen (Plan B).

Wo gibt es Probleme mit der Handhabung des Rades? Wenn einzelne Gäste Probleme mit der Radtechnik (vorzugsweise Gangschaltung) haben, dann solltest du diese Leute nicht vor der Gruppe einweisen. Entweder du erklärst allen Gästen die Funktion der Gangschaltung (unter dem Deckmantel einer möglichst ökonomischen Fahrweise), oder du nimmst dir die Betroffenen zur Seite und gibst persönliche Hilfestellung.

Eine Radgruppe unterscheidet sich hinsichtlich der Motivation nicht von einer Wandergruppe. Daher helfen dir die Tipps für die Motivation weiter, die du in *Info 25* findest. Es ist allerdings viel wahrscheinlicher, dass selbst gut trainierte Radfahrer auf einer Tour an ihre Grenzen stoßen – nämlich bei Gegenwind. Diese unsichtbare Dauerbremse hat schon viele Radler in die Verzweiflung getrieben. Schöne Worte helfen da nicht weiter. Wenn der Wind den ganzen Tag von vorn bläst, dann darf man als Gast auch mal schimpfen. Das ist gut so und bedeutet für Dich nicht, dass du etwas falsch gemacht hast. Nach der abendlichen Dusche und dem leckeren Abendessen ist alles wieder schön – garantiert.

Extra Info!

Windverhältnisse sind beim Radfahren nicht unwichtig. Nicht selten führt eine Tagesstrecke fast ausschließlich in eine Richtung. Bei Gegenwind müssen deutlich mehr Zeit und häufigere Pausen eingeplant werden. Auch mit Abbrechern dieser Tagesetappe musst Du rechnen.

Bei der Führung von Radtouren ist es nicht notwendig, immer vorauszufahren. Im Gegenteil. Du hast die Gruppe besser im Blick, wenn du in der Mitte oder im hinteren Drittel fährst. Voraussetzung an deine Kondition ist es, dass du ohne große Mühe einen Sprint zur Gruppenspitze hinbekommst. Diese konditionelle Flexibilität ist bei einer Radreiseleitung wichtig, um der Gruppe Sicherheit zu vermitteln, Ausreißer und Falschfahrer einzuholen und natürlich bei Unfällen schnell Hilfe holen zu können. Außerdem sieht das echt blöd aus, wenn die Gruppe hinter dem Bergpass geduldig auf den Reiseleiter wartet, der erst nach einigen Minuten wieder einen verständlichen Satz sagen kann. In folgender Auflistung sind einige Tipps zusammengetragen, die dir bei einer Radreiseleitung helfen können.

Situation: Ausreißer und Falschfahrer informieren

Was tun? Auto anhalten, das in die vermutete Richtung fährt und Fahrer bitten, den Radler zu informieren, was dieser tun soll.

Situation: eigene Handynummer an die Gruppe weitergeben

Was tun? Radgruppen ziehen sich manchmal weit auseinander; ein kurzer Anruf vom Kunden gibt dir schnell die nötigen Infos (z.B. Reifenpanne)

Situation: eine Person kann nicht mehr weiter

Was tun? Wenn kein eigenes Fahrzeug den Gast abholen kann und auch kein Taxi in der Nähe ist, dann kannst du auch ein Auto anhalten und den Gast in den nächsten Ort fahren lassen (Pub). Bei erschöpften Personen auf Wärme, genügend Flüssigkeit und Energie (etwas Süßes) achten

Situation: Wo und wie ein Rad unterwegs deponieren…

Was tun? Pubs, Hotels, eine Touristeninformation oder Bahnhöfe sind geeignete Plätze; notfalls markant aussehende Privathäuser fragen (Adresse + Telefonnummer geben lassen). Wenn nötig, im Gelände verstecken (Grid reference, siehe Info 17). Auf keinen Fall mit zwei Rädern fahren – verboten!

Situation: Ein Hungerast, was nun?

Was tun? Anzeichen: plötzlicher Leistungsabfall, phlegmatische Reaktion, weiche Knie; dem Körper fehlt die nötige Energie, um Leistung zu bringen. Hierfür solltest du Traubenzucker oder einen Schokoriegel im Gepäck haben. Manchmal können die Betroffenen nach einiger Zeit (ca. 30 Minuten) weiterfahren.

Situation: Regen! Schuhe sind nass und kalt.

Was tun? Morgens in die noch nassen Schuhe steigen, ist eine echte Überwindung. Nimm zwei Obsttüten (aus dem Supermarkt), trockene Strümpfe anziehen und je eine Tüte über die Socken, dann in die Schuhe schlüpfen. Der Fahrtwind übernimmt den Rest, falls es nicht weiterregnet; die Füße bleiben warm und die Socken trocken.

Für jede Tour gibt es einen Zeitplan, an den sich die Reiseleiter halten müssen. Fahrradtouren, bei denen das Gepäck durch ein Fahrzeug transportiert wird, sind in diesem Bereich recht zeitempfindlich. Du solltest als Fahrrad-Guide erstens nicht vor einer vereinbarten Uhrzeit (nicht unüblich ist z.B. 17:00 Uhr) an einer Unterkunft ankommen und musst Dich zweitens immer rechtzeitig mit dem Gepäckfahrer absprechen, wenn Abweichungen eintreten. Der Kunde darf nie auf sein Gepäck warten.

Bitte gib den Kunden genaue Instruktionen, wann das Gepäck wohin gebracht werden muss (für den Weitertransport). Oft helfen die Gäste gern beim Verladen der Gepäckstücke, das liegt zum großen Teil an deinem Charme. Muss das Gepäck der Gäste in verschiedene Unterkünfte gebracht werden, ist eine genaue Information für den Fahrer wichtig (Markierung an den einzelnen Gepäckstücken und eine Übersicht auf einem Infozettel sind hierbei unablässig).

Wenn ein Begleitfahrzeug für deine Gruppe zur Verfügung steht, ist die Logistik sehr viel leichter zu bewältigen. Werkzeugmitnahme, Aufnahme von Gästen, die unterwegs die Tour abbrechen und Gepäcktransport sind dann kein wirkliches Problem (wenn Guide und Fahrer gut harmonieren).

Welche Art von Mahlzeiten zwischendurch und am Abend in den Leistungen enthalten sind, entnimmst du bitte den Katalogausschreibungen. Eine entsprechende Vorausplanung solltest du dann vornehmen und mit den beteiligten Personen absprechen. Vermeintliche „Kleinigkeiten", wie ein Picknick oder ein Lunchpaket für die Teilnehmer, kann dir großen Stress bescheren, wenn du in der Planung nachlässig bist.

Ein weiterer Punkt, der Dich als Fahr- rad Guide interessieren könnte, ist die Radtechnik und der Umgang damit. Für die Fahrradtouren stellt dir der Reiseveranstalter i.d.R. folgende Ausrüstungsgegenstände zur Verfügung: Fahrräder, Werkzeugset, Fahrradtaschen, Kartenmaterial und Fahrradhelme.

Extra Info! Werkzeuge & Zubehör für unterwegs:

→ *Flickzeug, Reifenheber, Ersatzschlauch*

→ *Inbusschlüssel, klein/groß Schraubendreher, kleiner Kreutzschraubendreher*

→ *Maulschlüssel 7er, 8er, 10er (2x), 13er (2x), 15er*

→ *Wasserpumpenzange oder Kombi-Zange, Speichenschlüssel*

→ *Luftpumpe, Schlösser (Drahtschloss), zusätzliche Fahrradtasche, Licht*

→ *Draht, Panzertape, Lappen, Teflon oder Ölspray/Öl*

Obwohl Fahrräder oft mit einer Beleuchtung ausgestattet sind, solltest du vermeiden, im Dunkeln unterwegs zu sein. Am Abend ist nicht selten Alkohol im Spiel, ob bei den Gästen oder anderen Verkehrsteilnehmern. Dieses Risiko muss man nicht unbedingt eingehen.

Du musst die Räder vor einer Tour auf mögliche Mängel und Verschleiß überprüfen. Eine regelmäßige Wartung und Pflege der Fahrräder ist absolut notwendig, um zum einen die Sicherheit der Kunden zu gewährleisten und zum anderen das Material zu schonen. Vor dem Reisebeginn muss sich der Reiseleiter jedes einzelne Fahrrad vornehmen und prüfen. Dazu solltest du dir vor Beginn der Tour Zeit einplanen (1- 2 Std.). Alle Räder werden auf ihre Tauglichkeit überprüft und entsprechend behandelt. Die Fahrräder werden gereinigt, geölt, außerdem werden Bremsen und Schaltung eingestellt. Dies ist aus mehreren Gründen besonders wichtig:

→ Der Reiseleiter kennt den Zustand der Räder und kann somit möglicher Kundenkritik entsprechend entgegentreten.

→ Durch einen gepflegten Zustand der Räder wird die Kundenzufriedenheit um ein Vielfaches gesteigert, es gibt weniger Reklamationen und somit verläuft die Tour deutlich entspannter.

→ Nach jeder Tour werden die Räder wieder durch den Reiseleiter geprüft und in Ordnung gebracht. Je nach Einsatz und Möglichkeit werden notwendige Informationen an den nächsten Reiseleiter weitergegeben. Alle Maßnahmen werden in deinem Reisejournal dokumentiert und ggf. an den nachfolgenden Reiseleiter übermittelt.

Extra Info! Pflege (Ölen und Fetten) vor jeder Tour

→ Radnaben vorn & hinten

→ Kette, Umwerfer, Schaltung vorn und hinten

→ *ggf. Federgabel: Federn und Zentralschraube (Führungsschraube, oberes Ende der Gabel)*

→ *Tretlager & Pedale (rechts und links)*

→ *Scharniere der Bremsen (Bremshebelbefestigung)*

→ *Bowdenzugenden (Einführung in Bowdenzug-ummantelung)*

→ *Radachsen und Schaltung (hinten und vorn)*

→ *kurze Reinigung der großen Flächen und glänzenden Teile*

Bevor nachstehend ein paar Hinweise zum Umgang mit der Radtechnik gegeben werden, noch ein paar Worte zur Situation einer Radreparatur unterwegs. Es ist eine nicht zu unterschätzende psychische Belastung, wenn Dich bei der Reparatur eines Fehlers Zuschauer umringen. Schnell kommt dann der erste „Hinweis", wie es richtig gemacht wird und nicht selten werden die Reiseleiter nervös. Nimmt dann der erste Gast die Sache selbst in die Hand, erleidet dein Image in Sachen Kompetenz Schaden.

Daher solltest du erst die Zeit abschätzen, wie lange eine Reparatur dauert, dann die Gruppe für diese Zeit beschäftigen und danach mit der Reparatur beginnen. Wenn sich Zuschauer nicht vermeiden lassen und du spürst, wie du nervös wirst, zwinge Dich bewusst, langsam zu arbeiten. Nur so kannst du dir „Denkzeit" einräumen, um zu wissen, wie die Arbeitsabläufe vonstatten gehen.

Aber nun ein paar technische Hinweise für den Umgang mit dem Fahrrad und typischen Problemchen:

Sattel und Lenker einstellen: Bei der ersten Übergabe eines Fahrrades an den Gast, hilfst du diesem, den Sattel und Lenker richtig einzustellen. Die Sattelstütze sollte nicht gefettet werden. Die Verschmutzung der Kleidung kann sonst die Folge sein. Eventuell kann man mit etwas

Teflon (oder einem anderen trockenen Schmiermittel) arbeiten, wenn die Sattelstütze schwergängig ist.

→ Eine optimale Sitzhaltung ist erreicht, wenn bei durchgestecktem Knie der Fuß mit der Ferse auf die Pedale reicht.

→ Der Rücken sollte während der Fahrt im Winkel von 45° zur Horizontalen (günstig für Wirbelsäule) liegen.

→ Für eine effektive Fahrt sollten die Arme nicht durchgestreckt werden. Eine intensive Fußarbeit im Gelenk ist zu beobachten, wenn der Sattel zu hoch eingestellt ist. Dann kann es zu einer Überlastung der Achillessehnen kommen.

Bereifung: Bei einem platten Reifen ist es wichtig, die Einstichstelle zu finden. Wenn etwas Wasser zur Hand ist, in das der Schlauch eingetaucht werden kann, so ist das hilfreich. Oft befinden sich die Fremdkörper noch

im Reifen selbst. Diesen bitte von der Innen- und Außenseite prüfen. Den Schlauch an Ort und Stelle zu flicken, ist aus Kostengründen zu empfehlen. Ein neuer Schlauch ist nur vonnöten, wenn sich der Schaden in der Nähe des Ventils befindet oder eine bereits geflickte Stelle undicht ist. Den defekten Schlauch zerschneidest du dann besser, damit er nicht wieder ins Ersatzlager wandert.

Bremse (V-Break): Abgenutzte Bremsbeläge müssen umgehend durch Neue ersetzt werden. Es ist darauf zu achten, dass ein fester Druckpunkt der Bremse erreicht ist, wenn der Bremsgriff zu einem Drittel angezogen wurde. Ist dies nicht der Fall, sollte eine Einstellung an der Einstellschraube am Bremshebel oder an der Bremskabelbefestigung an den Bremsarmen erfolgen. Bei schwergängiger Bremse sollten die Bremsarme abgebaut, gereinigt und an den Gleitstellen des Rahmens geölt werden. Weiter sollte das Bremskabel geölt werden.

Auf keinen Fall reicht es aus, die Spannkraft der Bremsarmfeder zu erhöhen (Einstellung durch seitliche Schrauben an den Bremsarmen), da dies bei zu hoher Beanspruchung zu Schäden an der Bremse führen kann. Die Einstellschrauben für die Spannkraft der Bremsarmfedern bitte mit Gefühl benutzen, diese brechen schnell ab oder überdrehen im Gewinde. Auch die Feststellschraube für das Bremskabel am Bremsarm nicht zu fest anziehen. Das Gewinde reißt schnell aus (Bremse ist dann futsch).

Drei extra Infos!

Neue Bremsen sind mit den Bremsbelägen des Herstellers versehen. Diese nutzen sich sehr schnell ab, sind also in der Qualität etwas minderwertiger. Bitte genügend Ersatzbeläge in Reserve haben, da ein baldiger Austausch ansteht.

Falls die Bremsen schwergängig arbeiten, ist es einfacher, den Bowdenzug auszuwechseln, als nur die Federkraft der Rückstellfeder an den Bremshebeln zu erhöhen. Dies hat keine lange Wirkung, der Kunde wird schnell wieder über nicht gut funktionierende Bremsen klagen. Grund für Schwergängigkeit ist manchmal Schmiermittel, welches bei der Herstellung verwendet wurde. Dieses verharzt mit der Zeit in der Bowdenzugummantelung.

Achtung!! Es kommt immer wieder zu Stürzen, weil die Teilnehmer nicht auf gut funktionierende Bremsen vorbereitet waren. Bitte weise die Kunden auf diese Gefahr hin! Vor allem am Anfang der Tour.

Schaltung: Die beste Pflege der Schaltung ist die, den Gästen zu erklären, wie sie richtig schalten. Weiterhin sollte nach jeder Tour die Schaltung (Umwerfer vorn/hinten) gepflegt (Öl/Teflon) werden.

Bei der Einstellung der hinteren Schaltung sollte die Kette vorn auf dem mittleren Ritzel sitzen. (Bei Einstellungen am vorderen Umwerfer Kette hinten auf ein mittleres Ritzel legen)

Eine Feineinstellung der hinteren Schaltung erfolgt an der Einstellschraube am Schaltarm. Reicht dies nicht aus, muss das Schaltkabel an der Schaltarmbefestigung nachgestellt werden.

Der vordere Umwerfer der Kettenschaltung wird an der Einstellschraube am Schalthebel eingestellt. Größere Korrekturen erfolgen an der Feststellung des Schaltkabels am vorderen Umwerfer.

Zwei kleine Schrauben an jedem Umwerfer (Bezeichnung L=low=niedriger Gang; H=High=hoher Gang) begrenzen nur die Schaltwege der Umwerfer am jeweils größten und kleinsten Kettenritzel.

INFO 27: DIE KANUTOUR

Wenn du als Reiseleiter oft unterwegs bist, dann ist zu empfehlen, sich einen standardisierten Ablauf der Vorbereitungen anzugewöhnen. Hierzu gehört die Vorbereitung des Gepäcks, also deine sieben Sachen (siehe *Checkliste 12*: Meine 7 Sachen – Kanutour). Weiter gilt es, das nötige Equipment vorzubereiten, welches du auf deinen Reisen benötigst.

Kanueinführung und Sicherheit auf dem Wasser: Kanutouren sind bei vielen Kunden sehr beliebt. Gleichzeitig verfügen nicht alle Gäste über die nötigen Fähigkeiten, um sicher ein Kanu steuern zu können. Vor allem bei Eintagestouren sind oft Anfänger unter den Gästen. Aus diesem Grund musst du hier besondere Sorgfalt walten lassen. Was bedeutet das?

→ Du solltest in deinem Boot immer einen guten, kräftigen Paddler sitzen haben (um auf dem Wasser schnell und flexibel agieren zu können).

→ Du solltest selbst sehr gut paddeln und im Besitz eines gültigen Kanuscheins sein.

→ Idealerweise besitzt du ein gültiges Rettungsschwimmerzertifikat (mindestens in Bronze – DLRG).

→ Die Wetterverhältnisse sind gut und stabil (das bedeutet auch, dass die Windstärke unter 4 liegt und keine Wellen mit Schaumkronen auf dem Wasser zu sehen sind)

Extra Info! Wetter

Wann immer es nötig ist, sollten die Wetterverhältnisse abgefragt werden (lokal zuständiges Wetteramt). Auch Fischer oder Farmer kannst du fragen. Dies sollte aber nie deine einzige Informationsquelle sein.

→ Flüsse haben eine Fließgeschwindigkeit unter 4km/h (Stromschnellen und Schrägwehre können umfahren werden).

→ Alle Teilnehmer können schwimmen.

→ Du kennst das Gewässer, auf dem du paddelst und dessen Gefahren (z.B. tief hängende Äste und Wehre auf Flüssen).

→ Auf Seen paddelst du mit deiner Gruppe in Ufernähe, im Meer bleibst du in geschützten Küstenregionen.

→ Du meidest Strecken mit Motorschiffsverkehr.

Eine Kanutour beginnt für dich mit der Vorbereitung. Alle Ausrüstungsgegenstände, Notfallutensilien sowie eventuell Speisen und Getränke müssen vorbereitet und verpackt werden.

Für deine Gäste beginnt die Tour mit der Kanueinführung (siehe *Checkliste 13*: Kanueinweisung – Kanadier). Du erklärst hierbei das

Equipment, teilst die Paddel aus (je nach Körpergröße), weist die Kanus den Paddlern zu und gibst Hinweise zur Sicherheit auf dem Wasser und zum Paddeln selbst. Auch die Regeln auf dem Wasser müssen vorher abgestimmt werden. Nimm dir für diese Einführung genügend Zeit. Versuche die Informationen interessant, aktiv und bildhaft zu vermitteln, damit die Gäste sich das Wichtigste behalten (siehe *Info 20*).

Bevor Ihr auf „große Fahrt“ geht, solltest du die Gäste spielerisch mit dem Kanu vertraut machen. Kleine Kanuspiele, Wettfahrten oder Stabilisationsübungen eignen sich hierfür. Diese Übungen sollten in Ufernähe, aber nicht in zu flachem Wasser (Stoßgefahr beim Kentern) erfolgen.

Extra Info! Kanuspiele

Wirf einen Ball. Wer hat den Ball als erster in sein Boot gebracht? Und los.

Kanufangen – Mit einer Hand das Heck eines Kanus berühren.

Formationen bilden – alle parallel, eine Reihe, ein Kreis.

Auf dem Wasser stehen dann klare Kommandos im Vordergrund (*„Alle Kanus näher zusammenrücken!“* und nicht: *„Ich würde es ganz toll finden, wenn Ihr ein wenig zusammenrücken könntet, mit Euren Kanus. Vielen lieben Dank für Euer Verständnis“*). Dies solltest du vorher klarstellen, genauso wie die Tatsache, dass du das Sagen auf dem Wasser hast. UND: Es gibt zwei Dinge, die du den Gästen (vor allem Anfängern) immer wieder sagen musst. Erstens, ein Kanu lässt sich nur während der Fahrt steuern – also immer paddeln. Zweitens, Finger weg von der Bootskante – Verletzungs- und Kentergefahr.

Zwei in einem Boot: Ein besonderes Verhältnis zieht manchmal ein besonderes Verhalten der Beteiligten nach sich. Zwei Personen, die in einem Boot gemeinsam paddeln, sind voneinander abhängig (Vertrauen & Teamwork). Funktioniert dieses Team nicht, kommt das Boot nicht vom Fleck, fährt nicht geradeaus oder kentert. Sitzen zwei fremde Personen in einem Boot, funktioniert das Team meist recht gut. Gegenseitiger Respekt führt dazu, dass jeder sein Bestes gibt und Fehler verziehen werden. Anders sieht das manchmal aus, wenn sich sehr vertraute Personen hier „neu" begegnen – Paare. Schnell zeigt sich, wie vertraut und harmonisch das Miteinander so läuft. Es gibt unzählige Beispiele, in denen sich der wahre Zustand einer Partnerschaft bei einer gemeinsamen Kanufahrt gnadenlos offenbart. Zur Unterhaltung aller Beteiligten trägt dies zwar auch bei, aber du solltest Situationen, die zu eskalieren drohen, auflösen. Kurz an Land gehen, die Kanubesatzungen neu formieren und weiter. Hier bitte keine langen Diskussionen beginnen. Später kannst du damit trösten, dass dies vielen Paaren schon passiert ist. Alles andere überlässt du dem Paartherapeuten, den die beiden möglicherweise später aufsuchen.

INFO 28: SICHERHEIT AUF REISEN

Bevor kleine Probleme groß werden

Viele Gefahren und Probleme lassen sich durch vorausschauendes Verhalten vermeiden. Das gilt nicht erst in der Unterkunft oder im Camp, sondern schon unterwegs, bspw. während der Fahrt. Die Technik eines Fahrzeugs sollte vor der Fahrt überprüft werden, um unnötigen Pannen zu entgehen. Während der Fahrt solltest du vor allem auf zwei Dinge achten: Raserei und die Gefahr des Einschlafens. Zum Thema Kraftfahrzeug fahren siehe auch Info 29.

In der Unterkunft solltest du prüfen, ob die Sicherheit der Gäste gewährleistet ist. Das beinhaltet bspw. die Prüfung, ob Steckdosen, Lichtschalter etc. defekt sind, wo es Feuerlöscher und Rauchmelder gibt, wo sich ein Erste-Hilfe-Kasten befindet und ob Fluchtwege ausgeschildert, beleuchtet und problemlos zugänglich sind. Aber auch scheinbar banale Dinge solltest du nochmals überprüfen, bspw. ob die Türen und Fenster richtig verschließbar sind.

Nicht nur in festen Unterkünften ist Sicherheit ein Thema, sondern natürlich auch in Camps in der freien Natur. Oft gehört das Feuermachen zum Campen dazu. Achte bei offenen Feuerstellen darauf, dass du das Feuer auf einem festen, nicht brennbaren Untergrund entzündest und dass nur naturbelassenes, trockenes Holz als Brennmaterial benutzt wird - ein Feuer ist kein ‚Müllschlucker'. Feuer solltest du nie unbeaufsichtigt lassen, um Unfälle zu vermeiden. So nützlich wie Wasser zum Löschen eines Feuers sein kann, so gefahrenvoll kann es auch für ein Camp sein. Um Überschwemmungen zu meiden, solltest du ein Camp nie direkt an einem Fluss oder in einer Mulde errichten. Verstaue im Camp auch mögliche Gefahrenquellen wie bspw. herumliegendes Werkzeug, Äxte o. ä. sicher, damit sich niemand verletzt.

Achte im Camp auf Sauberkeit, um unliebsame Begegnungen mit Bären und anderen Raubtieren zu vermeiden. Richte deshalb die Kochstelle abseits vom Camp ein und achte darauf, dass Lebensmittel und auch Abfälle geruchs- und wasserdicht verpackt werden – keinesfalls sollten Abfälle vergraben werden. Lebensmittel lassen sich in 3-4 m Höhe mit Hilfe eines Asts zwischen zwei Bäumen sicher vor Tieren aufbewahren.

Ein weiteres Problem auf Reisen sind Diebstähle. Damit die Reisenden davon nicht betroffen sind, informiere sie zu Beginn der Reise über den allgemeinen Sicherheits- standard in der Region und darüber, wie und wo sie ihre Wertsachen am sichersten aufbewahren (z. B. im Hotelsafe). Vor Ausflügen gibst du deiner Gruppe Sicherheitshinweise, insbesondere dann, wenn Ihr Euch auf unübersichtlichen und überfüllten Plätzen wie Fußgängerzonen oder Märkten aufhaltet. Außerdem solltest du ausdrücklich darauf hinweisen, dass die Gäste keine Wertsachen in Fahrzeugen liegen lassen. Haben die Gäste das Fahrzeug verlassen, kontrollierst du am besten selbst noch einmal, ob auf den Sitzen etwas liegengeblieben ist.

Ja wo isser denn? – Wenn einer fehlt

Stell dir vor, du triffst deine Reisegruppe zum ersten Mal am Flughafen und stellst fest, dass ein Teilnehmer fehlt. Dann solltest du zunächst einmal deinen Reiseveranstalter anrufen – vielleicht hat er Informationen, warum der Teilnehmer fehlt oder ob er sich verspätet.

Wenn dir dein Reiseunternehmen nicht weiterhelfen kann, kannst du den fehlenden Teilnehmer am Flughafen manchmal auch ausrufen lassen. Vielleicht ist er auf einem großen Flughafen einfach etwas orientierungslos und findet den Treffpunkt nicht. Außerdem kannst du Dich bei der Fluggesellschaft darüber informieren, ob der Kunde tatsächlich mitgeflogen ist. Sollte der Kunde dann immer noch nicht auftauchen, muss die Reise ohne ihn angetreten werden (nach etwa 30 Minuten Verspätung kannst und musst du mit der Gruppe starten). Darüber informierst du dann dein Reiseunternehmen noch einmal.

Auch wenn du die Reise mit einer vollständigen Gruppe startest, ist es möglich, dass zwischendurch ein oder mehrere Gäste nicht am vereinbarten Treffpunkt auftauchen. In solchen Fällen gilt in erster Linie: Ruhe bewahren. Es kann ja sein, dass der Teilnehmer einfach die Zeit vergessen hat – warte also ruhig noch 15 Minuten am vereinbarten Treffpunkt, bevor du Dich auf die Suche nach ihm begibst. Deine Reisegruppe sollte in dieser Zeit möglichst an einem zentralen Punkt zusammenbleiben (z.B. in einem Café oder einer Kirche). Dort ist der Aufenthalt für die Gruppe sicherlich kurzweiliger als zum Beispiel an einer öden Bushaltestelle.

Taucht der Teilnehmer nicht wieder auf, bist du verpflichtet, die Reise ohne ihn fortzusetzen. Hier ist eine Benachrichtigung des Reiseveranstalters nötig. Wenn der Reiseverlauf einen Ortswechsel bedeutet, dann hinterlasse in der Unterkunft eine Nachricht für den Teilnehmer mit den Kontaktdaten der neuen Unterkunft, damit er gegebenenfalls allein nachreisen kann. Solltest du den Verdacht haben, dass deinem Reiseteilnehmer etwas zugestoßen ist, dann informiere die Polizei darüber. Bei den Unfallstationen der umliegenden Krankenhäuser kannst du Dich außerdem darüber informieren, ob dein vermisster Gast eventuell verletzt eingeliefert worden ist.

Nicht nur, wenn's blitzt und donnert

Bei jeder noch so gut geplanten Reise gibt es Faktoren, die ungewiss und nicht vorhersehbar sind. Dazu zählt vor allem die Macht der Natur:

Von Gewittern geht im Freien grundsätzlich Gefahr aus, insbesondere jedoch im Gebirge oder auf dem Wasser. Folgende Objekte solltest du mit deiner Reisegruppe während eines Gewitters unbedingt meiden:

→ Hochgelegene Punkte, z.B. Türme oder Berggipfel

→ Einzelne Bäume oder Baumgruppen

→ Gewässer und deren nähere Umgebung

→ Weidezäune

→ Hochragende Objekte wie z.B. Wegkreuze, Straßenlampen

→ Regenschirme bitte nicht benutzen

Es gibt einige geschützte Orte, die du mit der Reisegruppe aufsuchen kannst, um Dich vor Gewitter zu schützen. Im Freien sind das geschlossene Wälder, Höhlen, Zelte mit Metallgestängen; zur Not auch Mulden, Hohlwege, Gräben. Natürlich bieten auch Gebäude mit Blitzableitern Schutz. Grundsätzlich gilt: Die Gruppe sollte sich verteilen (ca. 10 m Abstand zwischen den einzelnen Mitgliedern), und mit geschlossenen Füßen auf den Boden kauern. Felswände und der Untergrund sollten dabei nicht mit den Händen berührt werden.

Auch Erdrutsche sind in der freien Natur möglich. Meide deshalb möglichst Wanderungen durch Gebiete, in denen der Erdboden durch tagelange Regenfälle oder Schmelzwasser aufgeweicht ist. Erkennst du im nassen Untergrund Risse, dann könnte das ein Zeichen für einen bevorstehenden Erdrutsch sein.

In Bergregionen kann es zu Lawinen kommen. Besondere Vorsicht solltest du auf kahlen, steilen Hängen walten lassen sowie nach starken Schneefällen oder bei Tauwetter im Frühjahr. Darüber, ob ein Gebiet lawinengefährdet ist, informierst du Dich vor der Tour, z. B. auf der Website des lokalen Lawinenwarndienstes oder bei einer Bergstation. Bei akuter Lawinengefahr meidest du eine Durchquerung des Gebietes lieber. Informiere deine Gruppe darüber, wie sie sich im

Fall einer Lawine möglichst verhalten sollte: Gepäck abwerfen, durch Schwimmbewegungen an der Schneeoberfläche halten und einen Hohlraum vor Mund und Nase schaffen. Im Ernstfall muss in erster Linie schnell Hilfe geholt werden - die Nummer des lokalen Bergrettungsdienstes solltest du deshalb immer dabei haben, denn nach 15 Minuten sinken die Überlebenschancen von Lawinenverschütteten rapide.

Das Durchqueren von Wasserläufen kann auf Touren nötig sein. Wähle dazu eine Stelle, an der die Strömung möglichst gering und das Gewässer nicht allzu tief ist. An solchen Stellen sind die Flüsse meist recht breit. Das bedeutet, du bist beim Durchwaten auch länger im Wasser. Im Winter oder bei kalten Gletscherflüssen sollte dies die Entscheidung, einen Fluss zu durchwaten, mitbestimmen. Ist das Wasser mehr als knietief, sollte ein Watstock (nicht zwei) genutzt werden, der mindestens körperlang ist und nur schwer brechen kann. Reicht dir das Wasser bis zur Hüfte, dann solltest du einen Fluss nicht durchlaufen. Wate immer mit Blick stromaufwärts, denn so ist es einfacher, einen stabilen Stand zu bekommen, um nicht von der Strömung erfasst zu werden. Der Stock sollte mit deinen leicht gespreizten Beinen ein gleichseitiges Dreieck bilden. Stütze Dich so auf den Stock, dass dieser schräg über deine Schulter steht (etwa im Winkel von 45°). Die drei Punkte (Fuß-Fuß-Stock) geben dir einen guten Halt im Wasser. Bewege immer nur einen der Punkte weiter.

Ab jetzt ist alles anders - Krisenmanagement (Notfallprogramm)

Nicht nur das Wetter ist wenig kalkulierbar – auch andere Situationen können unvorhergesehen eintreten: Ihr verlauft Euch, das Boot geht verloren o. ä. In Krisensituationen gilt vor allem: Ruhe bewahren. Sofern niemand verletzt ist, solltest du mit der Gruppe eine Pause einlegen, um die Situation einzuschätzen. Dazu gehört es, abzuwägen, ob es besser ist, am aktuellen Standort zu bleiben oder umzukehren, die Entfernungen zur nächsten Straße/Unterkunft abzuschätzen, die Wetterlage zu beurteilen und die verbleibende Zeit bis zur Dunkelheit abzuschätzen. Verfalle dabei aber nicht in stundenlanges Grübeln, sondern stelle sicher, dass die Grundbedürfnisse der Gruppe erfüllt sind, d. h. konkret: Wetterschutz, Wärme, Wasser und Nahrung. Du kannst zum Beispiel ein Feuer machen. Dies erfüllt zwei Funktionen gleichzeitig: Einerseits wärmt es, andererseits wirkt es beruhigend.

Achte darauf, dass deine Gruppe gut organisiert ist. Das heißt vor allem, dass die Reisenden auch tatsächlich als Gruppe zusammenbleiben sollten. Wenn es nötig ist, die Gruppe zu trennen, dann muss für jede Teilgruppe eine verantwortliche Person bestimmt werden. Geht eine Gruppe z.B. Hilfe holen, dann muss vorher abgestimmt werden, welche Route diese Gruppe nimmt. Auch sollte die Zeit für die Aktion geschätzt und die einzelnen Aufgabenschritte allen Beteiligten bekannt sein. Voraussetzung ist auch, dass sich alle Beteiligten an die Absprachen halten. Informiere deine Gruppe immer darüber, was als nächstes passiert und wie Ihr als nächstes vorgeht. Durch präzise (messbare) Aussagen verhinderst du, dass Panik ausbricht. Auch gilt es, die Gruppe immer zu beschäftigen. Das beginnt schon damit, dass diese Aufgabe an einzelne Personen übertragen werden kann, die dann dafür verantwortlich sind.

Im folgenden Bild ist ein grundlegender Ablauf dargestellt, der im Fall eines unvorhersehbaren Ereignisses (Notfall) in Kraft treten sollte. Der dargestellte Prozessablauf, Unexpected Situations Management (USM), eignet sich möglicherweise auch dafür, mit umfassenden Planänderungen klar zu kommen. Situationen, in denen eine Fülle an Aufgaben zur gleichen Zeit auf Dich einstürzt, wirken schnell chaotisch und schwer zu bewältigen. Orientierung und einen Überblick kannst du dir mit dieser einfachen Struktur erarbeiten.

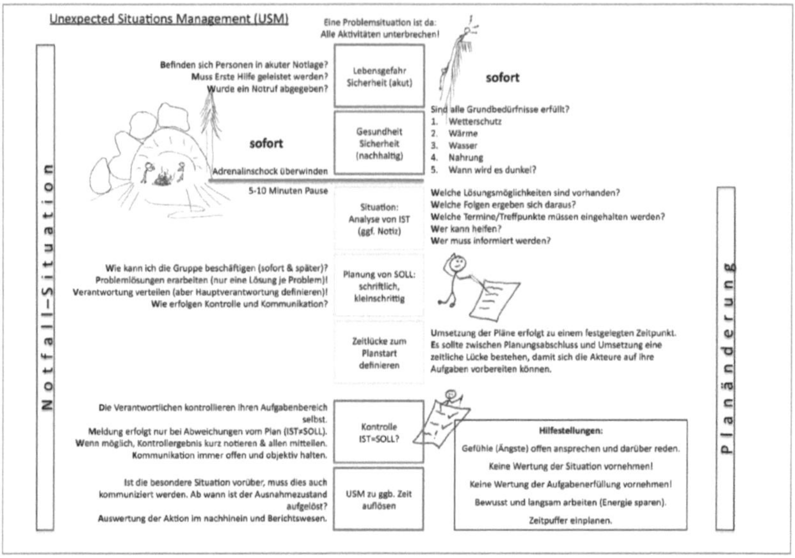

Dieses Bild zeigt sieben Schritte, die im Falle einer Notsituation durchlaufen werden. Die erste Frage: Gibt es akute Notlagen für Leib und Leben? muss unverzüglich beantwortet werden. Im nächsten Schritt stehen Aufgaben, die Leib und Leben schützen. Dies ist dann nötig, wenn eine Notsituation längere Zeit anhält. Mit der Analyse der Gegebenheiten (Schritt 3) beginnt die Erarbeitung von Lösungsansätzen.

Die gesamte Gruppe sollte in die Entscheidung einbezogen werden, damit jede Person beschäftigt ist. Mit der Planung (Schritt 4) entstehen Lösungsansätze und Verantwortungen werden an einzelne Personen oder Personengruppen übergeben. Hier gilt das Minimalprinzip, was heißt, geringster Aufwand zur Erfüllung der Aufgabe (z.B. gibt es einen Lösungsvorschlag zu jedem Problem, der später angepasst werden kann). Die zeitliche Lücke bis zur Umsetzung der Planungen ist wichtig (Schritt 5). Jede Person muss ihre Aufgabe kennen, bevor die Aktion beginnt, damit kein Chaos entsteht, weil einige Leute noch vorbereiten, während andere schon davon eilen.

Die Kontrolle (Schritt 6) muss permanent erfolgen. Informationen gibt es nur, wenn Abweichungen vom Plan erkennbar werden (Minimalprinzip für die Kommunikation). Zu gegebenem Zeitpunkt muss das Notfallprogramm wieder aufgelöst werden (Schritt 7), damit langsam wieder Normalität in die Gruppe einziehen kann.

Dieser Ablauf versteht sich als Vorschlag für ein mögliches Vorgehen bei Notfällen. Die Schritte 3-6 las- sen sich für die eigene Planung anwenden, wenn dir der Überblick verlorengeht oder wenn viele kleine Planänderungen Chaos verursacht haben. Probier es einfach einmal aus. Auf diese Weise prägt sich der Ablauf ein, der dann im Notfall (automatisiert) funktionieren sollte.

Das Schlimmste, was auf einer Tour passieren kann, ist sicherlich der Tod eines Reisenden. Doch auch in so einer Ausnahmesituation gilt in erster Linie: Ruhe bewahren. Behandle die Situation möglichst diskret. Das heißt in erster Linie, dass du andere Gruppenmitglieder nicht darüber informieren solltest, sofern sie es nicht von selbst erfahren. Auch mit den Angehörigen des Verstorbenen solltest du Dich auf keinen Fall selbständig in Verbindung setzen.

Verständige zunächst einen Arzt und anschließend deinen Reiseveranstalter, dem du den Namen des Verstorbenen, seine gebuchten Leistungen, den Zeitpunkt und die bisher bekannten Umstände des Todes sowie seine Personaldaten durchgibst. Von deinem Reiseveranstalter erhältst du die weiteren Instruktionen. Außerdem solltest du die Personalpapiere des Verstorbenen zusammenstellen – tue dies immer in Anwesenheit eines Zeugen. Im Ausland benachrichtigst du darüber hinaus noch die deutsche Botschaft bzw. die zuständige diplomatische Vertretung, um dir offizielle Dokumente wie Totenschein, polizeiliche Dokumente, die Ausfuhrbewilligung des Leichnams etc. übersetzen und beglaubigen zu lassen.

INFO 29: FAHRZEUGE FAHREN

WORAUF KOMMT ES AN? FAHRZEUG MIETEN UND EIN GUTER FAHRER SEIN.

Einige Reiseunternehmen nutzen für ihre Aktivreisen eigene Fahrzeuge, die z.T. geländetauglich sind. Hier ist es besonders wichtig, dass du Dich in der Handhabung der Fahrzeuge auskennst, da die Sicherheit der Gäste und mehr oder weniger hohe Kosten für das Reiseunternehmen daran hängen. Darüber hinaus sind gut gepflegte und sicher geführte Fahrzeuge ein Qualitätsmerkmal der Reisen. Für das Führen eines Kleinbusses benötigst du einen Führerschein der Klasse BE und oftmals zusätzlich einen internationalen Führerschein. Neuere Führerscheine befähigen nicht automatisch zum Fahren mit einem Anhänger. Hier solltest du deinem Reiseunternehmen rechtzeitig Bescheid geben, welche Führerscheinbefähigungen du besitzt. Mehr Infos zu diesem Thema findest du beim ADAC. Außerdem benötigst du einen Personenbeförderungsschein (bei der Führerscheinstelle beantragen), wenn du Gäste chauffierst.

Bevor eine Reise beginnt, musst du (wenn du ein Fahrzeug übernimmst) eine Abfahrtskontrolle (siehe *Checkliste 4* „Fahrzeugübernahme“) durchführen. Damit ist sichergestellt, dass das Fahrzeug in Ordnung ist und während der Fahrt keine unnötigen Verzögerungen entstehen. Auch die Sicherheit des verwendeten Fahrzeugs wird auf diese Weise überprüft. Während einer Reise bist du für die Pflege deines Fahrzeugs verantwortlich. Nutze hierfür die *Checkliste 5* „Regeln, Fahrzeugpflege, Fahrzeugrückgabe“ zur Orientierung und hake die kontrollierten Punkte ab. Beide Checklisten sind auf geländegängige Kfz und Fahrten in abgelegene Regionen ausgerichtet. Wenn du einfach nur einen PKW für normale Fahrten benutzt, ignoriere einfach die weiterreichenden Punkte.

Wenn du ein Fahrzeug übernimmst, das du nicht kennst, lass Dich gründlich in dessen Bedienung einweisen. Nutze hierfür einfach die gleiche Checkliste, die du bereits bei Erhalt des Fahrzeugs verwendet hast und gehe die Punkte erneut durch. Alle durchgeführten Checks belegst du mit Datum, Name und Unterschrift der Beteiligten.

Mängel und Unregelmäßigkeiten unternehmenseigener Fahrzeuge sind unverzüglich dem Reiseunternehmen mitzuteilen. Wenn Reparaturen nötig sind, dann ist dies ebenfalls mit der Stelle abzustimmen, die am Ende die Rechnung zahlt. Mit der kommerziellen oder auch öffentlichen Beförderung von Personen (nachfolgend Reiseverkehr genannt) sind eine Menge an Vorschriften und Regularien verbunden, die im Folgenden kurz und exemplarisch angesprochen werden.

Anforderungen an Fahrer: Allgemein gesprochen musst du als Fahrer eine besondere Sorgfalt anwenden. Du trägst eine besondere Verantwortung für die Sicherheit, das Leben und die Gesundheit vieler Gäste. Für den Fahrdienst gilt generell eine vorausschauende Fahrweise. Als Fahrer musst du während der Fahrt deine Aufmerksamkeit in erster Linie auf den Straßenverkehr richten. Nicht zuletzt bist du angehalten, deine Fahrweise energiesparend und materialschonend auszurichten. Im Folgenden sind 11 Regeln vorgeschlagen, die dir Orientierung für deine Fahrtätigkeit und damit zufriedene Gäste geben:

→ Während des Fahrdienstes und der Dienstbereitschaft sind alkoholische Getränke oder andere Rauschmittel untersagt.

→ Während der Beförderung von Fahrgästen ist das Rauchen untersagt.

→ Mobiltelefone werden während der Fahrt ausschließlich mit Freisprechfunktion benutzt.

→ „Fotostopps“ und „Infostopps“ einbauen und ALLE Teilnehmer mit den Infos versorgen! Längere Gespräche mit den Gästen führst du bitte nicht während der Fahrt.

→ Die Lenk- und Ruhezeiten sind einzuhalten.

→ Die zulässigen Höchstgeschwindigkeiten sind zu jeder Zeit einzuhalten (Je nach Verkehrsdichte, Fahrbahnzustand oder Sichtverhältnisse, die Geschwindigkeit anpassen – defensives Fahren!).

→ Informiere Dich vor Fahrtantritt ins Ausland über die jeweiligen länderspezifischen Regelungen (u.a. Vorfahrtsregeln, Höchstgeschwindigkeiten, Fahren mit Licht, Treibstoff, Zollbestimmungen).

→ Unbefestigte Straßen und Linksverkehr bedürfen einer besonderen Vorsicht. Oft sind die Gäste mit solchen ungewohnten Umständen überfordert. Also langsam fahren und Vertrauen durch umsichtiges und defensives Fahren aufbauen.

→ Weise die Fahrgäste darauf hin, Sicherheitsgurte (sofern vorhanden) anzulegen.

→ Während der Pausenzeiten und im abgestellten Kfz (z.B. über Nacht) müssen die Fahrgäste ihre Handtaschen und Wertgegenstände aus dem Fahrzeug nehmen.

→ Bei Sichtweiten unter 50 Meter gilt generell ein Tempolimit von 50 km/h, sofern nicht eine geringere Geschwindigkeit geboten ist.

→ Bei Wasserdurchfahrten ist es ratsam, vorab die Wassertiefe „zu Fuß“ zu prüfen, wenn der Grund unter dem Wasser nicht zu erkennen ist.

. . .

Verhalten bei Fahrzeugausfällen/Fahrzeugpannen: Ist dein Fahrzeug aufgrund einer Panne nicht mehr fahrtüchtig, dann sichere das Fahrzeug in normaler Verkehrsumgebung in folgender Weise:

→ Schalte Warnblinklicht und ggf. Standlicht ein

→ Stelle den Motor ab und betätige die Feststellbremse

→ Sichere das Fahrzeug mit Warnleuchte und Warndreieck

→ Verschließe das Fahrzeug (Türen und Kofferraumklappen)

→ Alle Gäste müssen das Fahrzeug verlassen (Wertgegenstände mitnehmen)

Verhalten bei Unfällen: Hauptaufgabe von Fahrer, Reiseleiter und Gästen ist es, im Notfall zu helfen. Wie? Im *Thema 4* und in der *Info 28* findest du Antworten auf diese Frage. Grundsätzlich gilt: Helfe Opfern und Betroffenen, unterstütze die Arbeit der Hilfsdienste und der Polizei!

Verständige erst den Rettungsdienst (wenn vorhanden), dann die Polizei und das Reiseunternehmen. Notiere, in welche Kliniken Verletzte gebracht werden. Entferne Dich auf keinen Fall unerlaubt von der Unfallstelle. Muss Hilfe herbeigeholt werden (Telefon, zum Haus laufen etc.), beauftrage immer mindestens zwei Personen der Gruppe, dies zu tun. Missverständnisse können schnell dazu führen, dass dir die Polizei Fahrerflucht vorwirft. Dies zu widerlegen, kann im Nachhinein schwierig werden. Wenn nicht anders möglich, hinterlasse vor Ort eine Notiz, wohin du warum gegangen bist.

Sind die akuten Probleme behoben, kümmere Dich um deine Gäste. Diese sollten an einen Ort abseits der Unfallstelle gebracht werden, um Ruhe in die Situation zu bringen. Hier ist eine Betreuung der Gruppe nötig, notfalls durch einen Gast, den du mit dieser Aufgabe betraust. Falls die Presse oder TV- und Rundfunkmedien Interesse an dem Vorfall zeigen, mache keine Aussagen und gebe keine Interviews. Die Kommunikation nach außen läuft ausschließlich über die

Geschäftsleitung des Reiseunternehmens. Auch gegenüber Betroffenen oder Unfallgegnern sind keine Aussagen zu tätigen. Unfallursachen und Schuldfragen klärt die Polizei.

Tricks und Tipps von WIGWAM Tours: Im Laufe vieler Jahre, in denen *WIGWAM* Reisende in die entlegensten Winkel der Welt führt, sind viele Erfahrungswerte entstanden. Vor allem die Technik der Fahrzeuge muss auf den Touren einiges aushalten. Die folgende Auflistung hat uns *WIGWAM Tours* freundlicherweise für Dich zur Verfügung gestellt. Sie gibt dir ein paar Hinweise und Tipps an die Hand, die in mancher mehr oder weniger entlegenen Gegend eine große Hilfe sein können.

... für's Technische

→ Kleines Werkzeughilfeset dabei haben: Starthilfekabel, Reifenspray, Keilriemen, Multitool, Feuchttücher und Armarol (Silikonspray)

→ Vor und nach Reparaturen die Hände mit Butter/Margarine/Nivea einschmieren, um den Ölschmier wieder von den Händen zu bekommen

→ Thermostat kaputt: Das Kfz schaltet vom kleinen auf den großen Kühlkreislauf, der nicht für den Ventilator zuständig ist. Folge: Motor wird zu heiß. Was tun? Ausbauen, Deckel wieder drauf, dann immer großen Kühlkreislauf nutzen

→ Wenn`s raucht = Kabelbrand? Batteriekabel (Massekabel) sofort von der Batterie lösen. Ggf. Brand mit Feuerlöscher löschen

→ Batterieausbau: Minuspol immer zuerst abklemmen

→ Starthilfe: zuerst Pluspol anschließen, sonst schmilzt eventuell das Kabel

→ Anlasser rührt sich nicht: mit z.B. Radkreuz leichte Schläge auf den hinteren Teil des Anlassers

→ Anlasser klackert, dreht nicht (eventuell verklemmt): Fahrzeug ein Stückchen vor- und zurückschieben

→ Anlasser schnarrt, dreht aber nicht: Batterie zu schwach (fremde Starthilfe suchen)

→ Kühlwasser nachfüllen: bei heißem Motor nur Ausgleichsbehälter öffnen, nie den Kühler! Heißes Wasser spritzt heraus

→ Öl oder Kühlwasser milchig hell: Motorschaden (Werkstatt)

→ Fahrzeug springt nicht an:

- Zündkerzenstecker auf richtigen Sitz prüfen
- Zündkerzen auf festen Sitz prüfen
- prüfen, ob die Verteilerkappe trocken ist (Die Verteilerkappe findest du, wenn du die Zündkabel, von den Zündkerzen aus, zurückverfolgst.)
- Kontakte in der Kappe oder am Verteilerfinger korrodiert: mit Messer vorsichtig Kontakte abkratzen

→ Keilriemen gerissen: notfalls langsam weiterfahren und auf Temperatur achten; Pausen zum Abkühlen des Motors einlegen und nächste Werkstatt finden

→ Leck im Fahrzeugboden: säubern, durch Staub oder Sand fahren = Leck wird sichtbar

→ Leck im Tank: mit Seifenstück über das Leck rubbeln (ist nicht in Benzin löslich)

→ Leck in der Ölwanne: Kaugummi kann kurz Abhilfe schaffen (sofort in die Werkstatt!)

→ Getriebeöl: korrektes Ölstandsprüfen = Auto gerade stellen; Motor warm gelaufen (nicht heiß); 10 Minuten stehen lassen; Ölstandsmessstab herausneh- men und abwischen, wieder einstecken und herausnehmen, ablesen

- nie richtig kaltes Öl in heißen Motor gießen (vorher abkühlen lassen)

- ranziger Geruch am Kontrollstopfen weist auf Getriebeschaden hin

→ Bremsflüssigkeit: rascher Verlust heißt Leck in der Bremsleitung; ggf. die einzelne Bremsleitung abklemmen, damit der Auslauf gestoppt wird; ist nur möglich, wenn das Leck an einer Bremsleitung liegt, die zu einem einzelnen Rad führt; besonders langsam und vorsichtig zur nächsten Werkstatt fahren

→ dunkler Bremsstaub an den Vorderreifen kann auf Bremsklotzverschleiß hinweisen

→ blaue Wolke bei Motorstart: defekte Ventilschaftdichtungen (kein akutes Drama, muss aber in der Werkstatt behoben werden, auf lange Sicht Leistungsverlust); Benzin- bzw. Dieselfilter wechseln

...für's Fahren, Geländegänge einschalten: Nach dem Umstellen von 2x4 auf 4x4 eventuell zwei, dreimal vor- und zurückfahren bis das Getriebe eingerastet ist! Auch bei steilen Bergstrecken den 4WD einlegen – schont die Kupplung! Bei steileren Anstiegen auf Schotterstraßen auch sehr gerne den „Low Range 4WD" (untersetztes Getriebe) einlegen! Das macht das Fahren sanft und schont die Kupplung!

..für's Fahren, Steckenbleiben:

→ Sich nicht selbst „einbuddeln"! Wenn du nicht mehr vorwärts kommst, Gas weg.

→ Räder gerade stellen und Fahrzeug von Hand befreien

→ zur Not nur kurzes Stück in eine Richtung fahren, dann Loch füllen und mit Schwung ganz in die andere Richtung durchfahren

→ mit Wagenheber anheben und unterfüttern

→ Achse belasten (bei robusten Geländewagen auf Stoßstange hüpfen), eventuell Reifendruck ablassen

→ Zweige, Bretter, Stoffe unterlegen

...für's Fahren, Sandfahrten:

→ schnell geradeaus auf Sanddüne drauffahren

→ oben stehen bleiben, nicht scharf bremsen

→ erst vergewissern, was auf der anderen Seite los ist

→ in sandigen Gegenden Reifendruck senken (auf Schotterpisten 20% bis 30% unter Höchstdruck, im Sand bis zu 50% unter Höchstdruck)

→ späteres Auffüllen des Luftdrucks nicht vergessen

...für's Fahren, Schlammfahrten:

→ langsam fahren, früh den untersetzten Gang benutzen

→ Seile als "Schneeketten"; gekerbte Holzleisten quer zur Fahrtrichtung mit Seilen an Rädern befestigen (="Schlammschuhe")

→ stabile Lage des Fahrzeugs bei Schlammfahrten erreicht man bei möglichst tiefem Schwerpunkt (Gepäck verlagern)

INFO 30: ABSOLUTE „NO GOES"

WAS DU BESSER SEIN LÄSST.

Als Reiseleiter wirst du in besonderer Weise von deinem Umfeld (vor allem den Gästen) wahrgenommen. Wir sprachen in *Info 16* bereits darüber. Diese besondere Aufmerksamkeit, die dir deine Gäste entgegenbringen, macht sie auch sensibel gegenüber „auffälligem" Verhalten. Im Folgenden werden ein paar Themen angesprochen, auf die Gäste nicht selten empfindlich reagieren:

Kleidung, Hygiene und Anstand: Mit leichtem Gepäck zu reisen bedeutet, wenig Kleidungsstücke und anderen „Krempel" auf Reisen mitzunehmen. Ist dann nicht immer eine Waschgelegenheit in der Nähe, dann muss das Wander-T-Shirt halt nochmal ran. Beim dritten „noch mal ran" fällt das aber auch deinen Gästen auf. Du kannst noch so sympathisch sein, Gerüche sprechen die Emotionen schneller und nachhaltiger an, als alle anderen Signale, die du aussendest. Ergo: Regelmäßiges Waschen und saubere Kleidung machen sympathisch.

Nasal liegst du sicher auch daneben, wenn du glaubst, dein Parfüm wirkt nur hochkonzentriert. Es gibt deshalb so viele Düfte, weil es so viele Geschmäcker gibt. Du kannst sicher sein, dass die Hälfte deiner Gäste einen anderen Geschmack hat – die fühlen sich dann eher von deinen intensiven Duftwolken „vertrieben“. Triffst du deine Gäste das erste Mal, dann drückst du auch deinen Respekt aus, indem du etwas Neutrales und frisch Gewaschenes anziehst. Neutral und eher ein bisschen konservativ, das vermittelt Sicherheit.

Zum Thema Anstand gibt es nichts revolutionär Neues zu sagen, es sei denn Knigge und Co. sind dir völlig fremd. Vielleicht so viel:

→ persönliche Begrüßung mit (nicht zu laschem) Händedruck

→ nicht als erste Person mit dem Essen beginnen

→ keine Reste von den Gästen essen

→ alle Körperöffnungen zu jeder Zeit unter Kontrolle halten

Wenn dir dieser Abschnitt hier überflüssig vorkommt, dann ist alles gut. Wenn nicht, dann hast du ja zum Glück nicht laut vorgelesen, oder? Du kannst dir sicher sein, dass hier nichts steht, was (leider) nicht schon einmal in der Praxis Thema war. Eine Ergänzung noch: Keine schmutzigen, politischen oder rassistischen Witze, bitte!

Zu spät Kommen: Ein Reiseleiter muss immer fünf Minuten vor seiner Gruppe oder einzelnen Gästen am vereinbarten Ort sein. Bei Ausnahmen bitte die Gäste informieren und Worte der Entschuldigung finden. Warum fünf Minuten vorher? Damit du auch mental anwesend bist, wenn die Gäste ankommen. Es gerade so geschafft zu haben bedeutet, sich erst einmal sortieren zu müssen. Dies stresst die Kunden, wenn es häufiger passiert.

Über Kollegen und Kunden reden (lästern): Wenn Menschen zusammenarbeiten, dann kommt es immer wieder vor, dass das

Verhalten anderer kommentiert wird. Diesen menschlichen Makel solltest du als Reiseleiter möglichst im Hintergrund halten. Es ist eine Frage von Respekt einer Person gegenüber, vor anderen Menschen nicht schlecht über sie zu sprechen. Das gilt für Kunden wie für Reiseleiter. Über die Unfähigkeit einzelner Kunden aus vergangenen Gruppen zu reden, mag im Moment ein Lacher sein. Es ist den Gästen aber auch klar, dass du über sie genauso sprechen wirst. Auch Probleme und Interna sind nicht für das Ohr des Kunden bestimmt. Stresssituationen und Probleme sind von den Gästen fernzuhalten. Hier zeigt sich, ob du professionell arbeitest oder eben nicht.

Schmiergelder sind keine Provisionen: In touristischen Regionen konkurrieren viele Anbieter miteinander und werben um die Gunst der Gäste. Zu diesem Werben gehört auch, sich die Gunst von Entscheidern zu erkaufen. Das funktioniert so, dass der Eintritt in eine Attraktion zum Beispiel 10 Euro p.P. kostet und der Reiseleiter für jeden Gast in der Gruppe €1 Euro (oft dezent in einem Umschlag) zurückbekommt – als „Dankeschön". Ein ernst zu nehmender Tipp: Lass die Finger davon! Zum einen ist das Schmiergeld und deren Annahme in vielen Ländern illegal, zum anderen hast du bei deinen Gästen verspielt, wenn das herauskommt. Erfährt es der Reiseveranstalter dann (im Nachhinein) von einem empörten Kunden, könnten deine letzten Reiseleitungen bereits hinter dir liegen. Dieses schmutzige Geschäft ist respektlos gegenüber allen Beteiligten, weil Menschen auf diese Weise zur Ware abgestempelt werden.

Extra Info!

Wenn Du in eine solche Situation hinein gerätst, dann mach dies vor deinen Gästen öffentlich. Erkläre den Sachverhalt und spendiere deinen Gästen etwas von diesem Geld. Du wirst sehen, Du bekommst das doppelt und dreifach zurück.

Liebschaften mit den Gästen: Ein weiteres „no go“ für Dich als Reiseleiter ist es, eine Affäre mit einem Gast zu beginnen. Zumindest während der Reise ist dieses Thema tabu. Falls deine Gefühle im Anblick eines Gastes Alarm schlagen und die berühmten Schmetterlinge im Bauch tanzen, informiere dein Gehirn, dass ein oder zwei Wochen Urlaub kein ganzes Leben sind. Was danach passiert, ist deine private Angelegenheit. Die meisten Verbindungen (sagen wir 90%), die auf diese Weise entstehen, sind von kurzer Dauer. Kein Wunder, denn nach deiner Reiseleitung ist dein Heldenbonus (siehe Info 16) verschwunden, in den sich dein Gegenüber möglicherweise verliebt hat. Der kurze Spaß, den du in diesem Miteinander vielleicht erlebst, wird durch den Stress der Doppelbelastung und Geheimhaltung der Affäre locker übertrumpft. Insgesamt fällt ein solches Abenteuer demnach nicht positiv in der Gesamtbilanz deiner Reiseleitung aus.

Die zehn Gläschen Bier...: Ein nicht zu unterschätzendes Problem ist der Konsum von Alkohol auf Reisen. Die Belastung auf der einen Seite und die Gelegenheit am Abend auf der anderen Seite führen dazu, dass du plötzlich und unerwartet an keinem Tag der Woche keinen Alkohol getrunken hast. Vielleicht war dann am letzten Abend auch noch eine so schöne Stimmung, dass dir die zehn Glas Bier gar nicht aufgefallen sind. Man erzählt sich, zwei Gäste hätten den Reiseleiter gegen halb drei ins Bett getragen. Seine Sonnenbrille setzt er trotz Dauerregen am Abreisetag lieber nicht ab. Du wirst erstaunt sein, wie schnell diese Geschichte die Runde macht. Kein Wunder, wenn du dann in der nächsten Saison deutlich weniger Reiseleitungen angeboten bekommst.

Nur Fliegen ist schöner: Wenn du selbst ein Fahrzeug im Urlaubsgebiet steuerst, dann wird deine Reiseleitung auch an deinem Fahrstil gemessen. Hier gilt: je schneller desto schlechter. Raserei wird von vielen Gästen als „halbstarkes“ Verhalten gewertet. Verantwortungsbewusstsein und Achtsamkeit fallen dem egoistischen Fahrspaß zum Opfer. Vor allem wenn ungewohnter Linksverkehr im Urlaubs- gebiet herrscht, sind deine Gäste besonders sensibel. Logisch, alles ist plötzlich seitenverkehrt und verwirrend. In dieser unbekannten Umgebung sorgst du mit deiner Raserei für zusätzliches Unbehagen. Auf diese Weise stellt sich nicht unbedingt Zufriedenheit bei den Gästen ein. Ein anderer Punkt ist der, dass in vielen Ländern sehr strenge Verkehrsregeln gelten. Es kann sehr teuer werden und äußerst unangenehm enden, wenn du Dich für deine Raserei verantworten musst. Im übrigen ist kein Fall bekannt, wo sich ein Gast über zu langsames Fahren der Reiseleitung oder des Busfahrers beschwert hat – über Raserei schon eher!

Politische Einstellung und Stammtischparolen: Wenn du Dich während einer Reise mit deinen Gästen unterhältst, wird irgendwann auch mal ein Thema politischen Charakter haben. deine repräsentative Rolle als Reiseleiter verlangt, dass du Dich diplomatisch und neutral verhältst. Im Handumdrehen entwickelt sich eine hitzige Debatte und dann ist es bis zum Streit nicht mehr weit. Auf der anderen Seite wer- den bei hitzigen Diskussionen immer auch einige Gäste an den Rand gedrückt, weil sie verbal unterlegen sind. Es lohnt überhaupt nicht, eine schöne Urlaubsstimmung durch politische Diskussionen aufs Spiel zu setzen.

Eine andere Sache ist mit Blick auf politische Meinungen für Dich als Reiseleiter auf alle Fälle tabu: Stammtischphrasen. Die da oben machen nämlich nicht sowieso immer was sie wollen, sondern sind Teil unserer demokratischen Gesellschaft, in der Meinungsfreiheit herrscht! Bitte nicht vergessen: Du vertrittst nicht Dich selbst, sondern ein Unternehmen, das gegebenenfalls einen Ruf zu verlieren hat.

THEMA 4: ERSTE HILFE IM OUTDOOR-BEREICH

MIT UNTERSTÜTZUNG VON KATHRIN BÖHLER (TRAINERIN FÜR ERSTE-HILFE-KURSE IM OUTDOORBEREICH)

„Wir werden nie wissen, wie viel Gutes ein einfaches Lächeln vollbringen kann.“

(Mutter Teresa)

INFO 31: EINE GUTE VORAUSSCHAU

VORBEUGUNG IST DIE BESTE (ERSTE) HILFE!

Dieser Abschnitt des Buches soll für Dich eine Erinnerung, Orientierung und Planungshilfe sein. Das Thema Erste-Hilfe im Outdoor-Bereich ist so umfangreich und – abhängig vom Reiseland – so unterschiedlich, dass man es an dieser Stelle nur als Informationsgrundlage sehen kann. Detaillierte Ausführungen würden den Rahmen des Buches sprengen. Eine gültige Erste-Hilfe-Bescheinigung (nicht älter als zwei Jahre) solltest du demnach besitzen, denn das vorliegende *Thema 4* ersetzt keinen Erste-Hilfe-Kurs!

Um für deine Gruppe ein möglichst großes Maß an Sicherheit bieten zu können, ist die Planung einer Reise das A und O. Hierfür benötigst du Informationen über das Reiseland:

→ politische Situation

→ Notrufnummern

→ Rettungswege (Land, Luft, Wasser)

→ empfohlene Impfungen (mindestens drei Monate vor Reisebeginn informieren)

→ Giftpflanzen und -tiere

→ landestypische Krankheiten

→ Klimaverhältnisse (Höhe, extreme Kälte, extreme Hitze usw.)

Man redet ja nicht gerne über seine Krankheiten. Manche Reisen führen aber sehr weit weg von der Zivilisation und damit von der Infrastruktur, die einem Menschen im Notfall ärztliche Unterstützung bietet. Der Reiseveranstalter sollte von den Teilnehmern (wenn die Umstände einer Reise dies verlangen, z.B. bei mehrtägigen Berg- oder Zelttouren, Reisen in Urwälder) im Vorfeld gesundheitsbezogene Informationen abfragen, um im Notfall effektiv reagieren zu können. Dies kann über ein vorgefertigtes Formular erfolgen, welches Auskunft zu folgenden Bereichen gibt:

→ chronische Krankheiten (z.B. Diabetes, Epilepsie)

→ medizinische Hilfsmittel (z.B. Herzschrittmacher, künstliche Gelenke)

→ regelmäßige Einnahme von Medikamenten (ggf. Einweisung in die Verabreichung der Medikamente)

→ Allergien

→ Vorhandensein der empfohlenen Impfungen für das Reiseland (Teilnehmer sollen ihren Impfpass überprüfen und mit auf die Reise nehmen)

Wichtig für die Reise ist auch immer die richtige Ausrüstung aller Mitreisenden. Hier musst du schauen, wie die Reise geplant ist. Wird die gesamte Ausrüstung selbst von der Gruppe transportiert? Wenn ja, so sollte man im Vorfeld festlegen, was mitgenommen und wie dies von wem getragen wird. Für alle Dinge die für die gesamte Gruppe bestimmt sind (z.B. Erste-Hilfe-Set, Trinkwasser, Schutzplanen), muss es eine verantwortliche Person geben. Deren Verantwortung umfasst die Funktion, Handhabung und den Transport der Gegenstände.

INFO 32: ERSTE HILFE RICHTIG VERSTEHEN

RAHMENBEDINGUNGEN BEI DER ERSTEN HILFE IN DER NATUR

Erste-Hilfe-Grundlagen zu beherrschen ist insbesondere in der Natur wichtig, da ärztliche Hilfe oftmals erst über mehrere Stunden hinweg oder aber gar nicht erreichbar ist. Kurz: Hilfe zu holen kostet Zeit. Hinzu kommen möglicherweise Bedingungen wie Kälte, Regen oder Dunkelheit, welche die Erste Hilfe erschweren oder überhaupt erst nötig machen.

Wenn medizinische Hilfe nicht erreichbar ist, dann ist es wichtig, dass du die Grundlagen für eine spätere ärztliche Behandlung legst. Hygiene hat oberstes Gebot, um weiteren Verschlimmerungen, wie Infektionen, vorzubeugen. Ein längerer Weg bis zu einem Arzt beansprucht auch Verbände, die stabiler sein müssen, um Strapazen, etwa langen Märschen und Wetterextremen, standzuhalten. Improvisation spielt in der Natur eine große Rolle. Wenn z.B. das vorhandene Verbandsmaterial nicht ausreicht, dann kannst du ein T-Shirt zu einem Dreieckstuch umfunktionieren.

Physische Erste Hilfe: Gefahren lauern auf Reisen an vielen Stellen; es kann sich also auch mal ein Reiseteilnehmer verletzen. Denk dabei immer daran: Du bist kein Arzt und daher nicht berechtigt, Diagnosen zu stellen. Im Zweifelsfall ist es also immer richtig, einen Arzt zu rufen (siehe Checkliste 16: Arzt rufen). Trage Kontaktdaten für ärztliche Hilfe immer bei dir! In einigen Fällen musst du unbedingt ärztliche Hilfe anfordern, auch wenn der Betroffene dies ablehnt.

Auch wenn du kein Arzt bist, deine Pflicht ist es, in akuten Fällen Erste Hilfe zu leisten. Sie kann von einfachen Dingen, wie der Versorgung kleinerer Schnittwunden, bis hin zu lebensrettenden Maßnahmen, wie der Beatmung oder der Herz-Druck- Massage, reichen. Wichtig bei einem Notfall ist es, Ruhe zu bewahren und bedacht zu handeln. Wenn du einen Erste-Hilfe-Kurs besucht und dort eine gewisse Sicherheit erlangt hast, Eure Reise gut vorbereitet ist und du an deine Fähigkeiten glaubst, dann wirst du im Notfall auch richtig handeln können. Vor Ort gilt dann: einfach machen.

Ist eine Person verletzt, dann geht es darum, diese zu stabilisieren und sicher in die Obhut von ärztlichem Fachpersonal zu bringen. In der physischen Ersten Hilfe geht es um nichts anderes als die Vitalfunktionen aufrecht zu erhalten oder diese ggf. zu ersetzen. Vitalfunktionen sind Bewusstsein, Atmung und Puls. Bevor du diese Funktionen bei einer verletzten Person überprüfst, gilt es aber, sich einen Überblick über die vorliegende Situation in folgender Reihenfolge zu verschaffen:

→ Befindet sich der Verletzte in einem Gefahrenbereich?

→ Droht Gefahr für die anderen Personen?

→ Sind die Vitalfunktionen aktiv?

Zuerst musst du für die Sicherheit der verletzten Person, der Gruppe und für deine Sicherheit sorgen. In manchen Situationen muss man den Verletzten also zuerst aus dem Gefahrenbereich transportieren. Die verschiedenen Transporttechniken und Möglichkeiten, eine Trage zu bauen, lernst du sicher in einem Outdoor Erste-Hilfe- Kurs kennen, wenn du diese nicht schon weißt. Einige Möglichkeiten, verletzte Personen zu transportieren sind:

→ Rautek Rettungsgriff

→ Schleifen des Verletzten auf einer Plane bzw. Decke oder mit seiner Kleidung

→ Gamstragegriff

→ Tragering aus einem Dreieckstuch

Droht keine akute Gefahr mehr von außen, dann richtet sich die Konzentration auf die physische Erste Hilfe. Einzelne Maßnahmen werden weiter hinten in diesem Thema aufgelistet. Zuerst ist es aber wichtig zu wissen, wie man einer kranken oder verletzten Person begegnet. Was tun?

→ Person in ruhigem Ton ansprechen

→ Person nach ihren Beschwerden fragen (Was tut weh, seit wann, wo, wie?)

→ Vitalfunktionen prüfen (Bewusstsein, Atem und Pulsfrequenz)

→ Haut und Augen auf Verfärbungen überprüfen

→ Muskeln und Knochen auf Brüche, Versteifung oder Anspannung prüfen (vorsichtig abtasten)

Nachdem die akute Erste Hilfe geleistet ist, tritt das Notfallmanagement in Kraft. Siehe hierzu die Ausführungen in Unexpected Situations Management (USM), *Info 28*. Das heißt, deine vorhandenen Ressourcen planen und damit haushalten. Zu managen gilt es demnach:

→ unterschiedliche Situationen (verletzte Person(en), Rest der Gruppe)

→ Zeitfenster bis Rettungskräfte alarmiert bzw. vor Ort sein können

→ Umgebung (Wetter, Wärme, Wasser, Nahrung)

→ Ressourcen (Helfer vor Ort, Kraftreserven der Personen, Vorräte)

→ sichere Lagerung der verletzten Person

→ weiterführende Wundversorgung

→ ggf. Notfallcamp oder Transport verletzter Person(en)

Du siehst, es gibt unter gewissen Umständen viel zu entscheiden und zu organisieren. Wenn es der Zustand des Verletzten nicht zulässt, ihn zu transportieren, muss ein Notfallcamp gebaut werden und andere Teilnehmer müssen ggf. los, um Hilfe zu organisieren. Dann muss die Gruppe geteilt werden, was wiederum eine neue Situation schafft, die es zu organisieren gilt *(siehe Info 28)*.

Es gibt jedoch auch Dinge, die du als Nichtmediziner (Laie) auf keinen Fall machen darfst, z.B. einer anderen Person Medikamente verabreichen. Auch pflanzliche und homöopathische Mittel gehören dazu. Im Regelfall kennst du die Krankheitsgeschichte deiner Reisenden nicht, d.h. du weißt zum Beispiel nicht, ob ein Teilnehmer auf einzelne Wirkstoffe allergisch reagiert. Die Einnahme von Medikamenten kann in diesem Fall fatale Folgen haben. Das Gleiche gilt auch, wenn Teilnehmer bereits eine Krankheit haben, von der du nichts weißt. Auch hier kann die Einnahme bestimmter Medikamente Probleme verursachen (z. B. bei Beeinträchtigungen der Leberfunktion). Auch haben Medikamente immer Nebenwirkungen, die man als Laie nicht einschätzen kann. Die Kombination verschiedener Medikamente führt dann leicht zu Unverträglichkeiten und damit zusätzlichen Problemen für die betroffene Person. Erlaubt ist es dir hingegen, Teilnehmer, die regelmäßig Medikamente einnehmen müssen, daran zu erinnern, wenn sie dies wünschen.

Es ist dir also nicht gestattet, anderen Personen Medikamente zu verabreichen. Der Einsatz von Alkohol (hochprozentiger klarer Alkohol wie Wodka) ist eine Alternative zur Desinfektion von

Wunden, denn dieser fällt nicht unter das Medikamentengesetz. Aber Vorsicht bei der Benutzung! Den Alkohol nicht direkt in offene Wunden gießen, da dieser starke Schmerzen verursacht. Der Konsum von Alkohol zur Beruhigung einer verletzten Person kann dazu führen, dass diese schneller auskühlt (Alkohol weitet die Blutgefäße), was gerade bei sehr niedrigen Temperaturen den Gesamtzustand einer verletzten Person eher verschlechtert, ohne dass die Beteiligten dies sofort merken. Auch kann Alkohol die Wirkung der vielleicht später vom Arzt verabreichten Medikamente beeinflussen.

Im Gegensatz zu Medikamenten ist ein Erste- Hilfe-Set auf jeden Fall angebracht. Ein Erste- Hilfe-Set für eine zweiwöchige Tour mit 4 bis 5 Personen hat in etwa die Größe einer Brotdose und muss nicht mehr als 700 Gramm wiegen (siehe Checkliste 7: Erste-Hilfe-Set).

Psychische Erste Hilfe: Mindestens genauso wichtig wie die körperliche Versorgung eines Verletzten ist die psychische Betreuung, also dass du Dich um Sorgen, Ängste, Bedenken der verletzten Person und der Anwesenden kümmerst. Eine gute psychische Betreuung der verletzten Personen ist von ganz besonders großer Bedeutung und kann deren Allgemeinzustand wesentlich verbessern bzw. stabilisieren. Dabei gilt in erster Linie: Die Betreuung muss einfühlsam sein. Auswendig gelernte Lehrbuchsätze wirken unpersönlich und verfehlen ihre gut gemeinte Wirkung, weil sie beim Betroffenen kein Vertrauen aufbauen. Grundsätzlich solltest du – auch wenn es dir nicht leicht fällt – Ruhe ausstrahlen und mitfühlen (aber nicht mitleiden).

Es gibt eine einfache Regel für die psychische Erste Hilfe (nach Lasogga und Gasch)

1. Sage, dass du da bist und dass etwas geschieht
2. Schirme die verletzte Person vor anderen Menschen ab
3. Suche vorsichtigen Körperkontakt
4. Sprich und höre zu

Dies kann jeder leisten, wichtig hierbei ist, immer bei der Wahrheit zu bleiben. Falsche Hoffnungen bzw. Versprechungen wirken genauso demotivierend wie Panik und Schwarzmalerei. Versuche entweder Themen zu finden, die deine derzeitigen Handlungen beschreiben oder gar nichts mit der aktuellen Situation zu tun haben.

Zusätzlich schaffst du Vertrauen, indem du die betreffende Person mit ihrem Namen ansprichst. Falls diese orientierungslos ist, stelle Dich auch noch einmal mit deinem Namen vor, damit die Möglichkeit besteht, Dich auch direkt anzusprechen. Auch kannst du den Verletzten – sofern er ansprechbar ist – fragen, was passiert ist. Diese Frage hat zwei Funktionen: Sie liefert dir wichtige Informationen für eine notwendige Behandlung und gibt der verletzten Person gleichzeitig die Möglichkeit, bedrückende Probleme, Ängste etc. mitzuteilen. Es ist sehr wichtig, die Sorgen und Ängste des Verletzten ernst zu nehmen und keinesfalls abzutun nach dem Motto

„Das ist schon nicht so schlimm; du brauchst keine Angst zu haben". Je nach Schwere der Situation ist es völlig normal und berechtigt, als Verletzter Angst zu haben.

Auch die psychische Betreuung von Familien und mitreisenden Angehörigen ist wichtig. Hier solltest du ebenfalls eine Person finden, die sich um diese Betroffenen kümmert. Wenn eine vertraute Person in der Lage ist, mit der Notfallsituation umzugehen, dann kann diese auch die psychische Betreuung der verletzten Person über- nehmen. Dies löst zwei Probleme gleichzeitig und schafft für den Betroffenen zusätzlich Beruhigung und Vertrauen.

In nächster Instanz musst du Dich um die restliche Reisegruppe kümmern. Hier gilt: Jeder sollte eine Aufgabe bekommen und wissen, wie es in einer Notfallsituation weitergeht. Auch die Gruppe musst du eventuell beruhigen. Dramatische Situationen (wie z.B. ein Unfall) solltest du auf jeden Fall auch im weiteren Verlauf der Reise thematisieren. Dabei ist darauf zu achten, wie die Gruppe auf diese emotional aufgeladenen Themen reagiert. Trauer, Wut, Verzweiflung oder auch emotionale Kälte (Schweigen) können hier dominieren oder in Kombination auftreten. Wichtig ist es, den Gruppenteilnehmern zu vermitteln, dass alle Gefühle gut und richtig sind. Jeder darf seinen Gefühlen Raum geben. Dies gilt es, nicht zu bewerten (und auch nicht zu kommentieren). Darauf musst du achten, wenn du mit einer Gruppe oder einzelnen Gästen über das Erlebte sprichst.

INFO 33: ERSTE-HILFE-MASSNAHMEN

(ALPHABETISCH GEORDNET)

Auge (etwas aus dem Auge holen) - *Was tun?*

1. Sandkörner mit Wasser ausspülen oder mit nasser Watte in Richtung Nase wischen
2. Bei einem Sandkorn unter dem Oberlid das Lid mit einem Wattestäbchen nach oben klappen, dann das Sandkorn herausnehmen
3. Im Zweifelsfall antibiotische Augensalbe in das Auge geben, Auge verbinden und Arzt aufsuchen

Atemnot - *Was tun?*

1. Person mit etwas nach vorne geneigtem Oberkörper hinsetzen
2. Hände nach hinten gelehnt
3. Atemanweisungen geben
4. Ursachen suchen, ggf. Notruf absetzen

Bei Fremdkörpern in den Atemwegen: Dem Betroffenen fest mit der flachen Hand zwischen die Schulterblätter schlagen.

Bewusstlosigkeit - *Welche Anzeichen gibt es?*

- Person kippt um
- Person reagiert nicht auf Ansprache und Berührung
- Atmung vorhanden
- Gefahr: Aspiration von Erbrochenem; Verlegung der Atemwege durch den Zungengrund

Was tun?

1. Vitalfunktionen prüfen
2. Atemwege frei?
3. ggf. Person beatmen
4. Person in die stabile Seitenlage bringen (wichtig: Kopf tiefster Punkt und überstreckt)
5. nach Ursache suchen (z.B. Höhenkrankheit, Schock, Hitzeschäden, Vergiftung)
6. ständig Atmung kontrollieren

Blutungen stoppen (Nasenbluten) - *Was tun?*

1. Person ruhig und aufrecht hinsetzen, Kopf nach vorne legen
2. Kalte Umschläge in den Nacken und auf die Stirn
3. bei längerer und starker Blutung mit blutstillendem Mullstreifen das Nasenloch zustopfen (ggf. Nasenflügel zusammendrücken)
4. bei Blutung über 30 Minuten einen Arzt rufen

Offene Wunden - *Was tun?*

1. Wunde säubern und abdecken
2. bei größerer Wunde sterilen Verband anlegen (Wundauflage größer als Wunde) – dabei sehr genau auf Sauberkeit achten
3. Wundränder, wenn möglich miteinander verschließen (Pflasterverband) ggf. kann man Wundnahtstreifen verwenden; Anlegen dieser sollte vorher geübt werden
4. Achtung Hygiene: Verschließt man eine verschmutzte Wunde, hat man die Bakterien schön eingepackt und eine schwere Infektion kann die Folge sein.
5. Stillung lebensbedrohlicher Blutungen an Kopf, Hals, Rumpf; ist nur durch Aufdrücken von sterilem Material möglich
6. Extremitäten: Hochhalten, Abdrücken, Druckverband
7. Fremdkörper in der Wunde belassen (wird nur von einem Arzt entfernt) Fremdkörper muss stabilisiert werden, so dass er sich beim Transport nicht bewegen kann und zusätzliche Schmerzen verursacht
8. bei Amputationsverletzungen zuerst den Stumpf steril abdecken ggf. noch Abdrücken (Innenseite Oberarm bzw. Leiste), um Blutfluss zu verringern Amputat in sterile Kompresse wickeln, in Plastiktüte packen und dann in einer weiteren Plastiktüte, die mit Eiswasser gefüllt ist, kühlen; alternativ: Amputat mit Einmalkühlpacks kühlen

Ertrinken - *Welche Anzeichen gibt es?*

- Person taucht immer wieder unter Wasser
- auf Wasseroberfläche bildet sich Schaum
- zurück an Land ist die Person evtl. bewusstlos
- die Haut der Person ist blass oder bläulich

Was tun?

1. Bergung der Person aus dem Wasser
2. unverzügliche Mund-zu-Mund- Beatmung
3. falls Wasser in der Lunge ist, hustet die betroffene Person dies aus, wenn das Bewusstsein wiederkommt (darauf eingestellt sein)
4. bei Unterkühlung entsprechende Behandlung

Fieber - *Welche Anzeichen gibt es?*

- Schweißausbrüche, Durstgefühl
- trockene, heiße Haut
- glänzende Augen
- trockene, belegte Zunge
- Schüttelfrost
- Übelkeit, Erbrechen
- beschleunigte Atemfrequenz
- Unruhe, Verwirrtheit

Was tun?

1. Betroffenen so weit wie möglich entkleiden
2. viel zu trinken geben
3. kalte Umschläge auf Brust, Stirn, Arme und Beine

Gift - ***Welche Tiere gibt es an Land?***

Insekten (Mund & Rachenraum) - *Was tun?*

von innen und außen kühlen

Schlangen - *Was tun?*

1. betroffenen Körperteil ruhigstellen Kompressionsverband anlegen
2. viel trinken (keinen Alkohol) Arzt aufsuchen

Skorpione - *Was tun?*

1. betroffenen Körperteil ruhigstellen
2. möglichst Farbe und Größe des Skorpions für Arztbesuch notieren

Spinnen - *Was tun?*

1. betroffenen Körperteil ruhigstellen
2. Kompressionsverband anlegen
3. Arzt aufsuchen

Welche Tiere gibt es im Wasser?

Seeigel - *Was tun?*

1. Stachel entfernen: entweder durch Essig auflösen
2. oder vorsichtig Pflaster darauf kleben und wieder abziehen

Nesseltiere - *Was tun?*

1. Tentakel oder Nesselschleim trocken abwischen
2. Essig- oder Alkoholauflagen

3. KEIN Wasser!

Giftfische - *Was tun?*

1. Desinfektionsmittel anwenden
2. Stachelreste entfernen
3. ggf. Maßnahmen zur Schockbekämpfung

Herz - *Welche Anzeichen gibt es?*

- stechender Brustschmerz
- Engegefühl
- ausstrahlende Schmerzen in Arme, Bauch, Rücken

Was tun?

1. Die Person aufrecht hinsetzen
2. engsitzende Kleidung lockern
3. sofort Notruf absetzen

Hitze und Sonne (Hitzeerschöpfung) - *Welche Anzeichen gibt es?*

- Blässe und Schwäch
- kalte, feuchte Haut
- schwacher, schneller Puls

Was tun?

1. Betroffenen mit erhöhten Beinen ins Kühle legen

2. Beine kühlen
3. Salzwasser zu trinken geben

Sonnenstich - *Welche Anzeichen gibt es?*

- hochroter, heißer Kopf, aber kühle Körperhaut
- Kopfschmerzen, Nackenschmerzen, Schwindelgefühl
- Unruhe, Bewusstseinsschwund
- Übelkeit, Erbrechen

Was tun?

1. Betroffenen an kühlen, schattigen Ort bringen
2. Betroffenen mit leicht erhöhtem Oberkörper lagern
3. Kopf vorsichtig kühlen (mit nassen Tüchern)
4. Betroffenen beruhigen

Hitzeschlag - *Welche Anzeichen gibt es?*

- heiße, trockene, gerötete Haut
- hohe Körpertemperatur, aber fehlendes Schwitzen
- sehr schneller Puls
- oft Bewusstseinsverlust
- Kopfschmerzen, Schwindel
- Übelkeit, Erbrechen

Was tun?

1. Betroffenen in den Schatten legen
2. Betroffenen mit leicht angehobenem Kopf lagern
3. vorsichtig kühlen (an Waden und Unterarmen)

4. Wind zufächeln
5. Kontrolle der Vitalfunktionen
6. Betroffenen beruhigen

Hitzeschock - *Welche Anzeichen gibt es?*

- Person zeigt typische Schocksymptome
- Person hat bei einem Hitzeschock zu viel Flüssigkeit durch Hitze verloren

Was tun?

1. Person in den Schatten bringen
2. Beine hoch lagern
3. Bewusstseinsklarheit prüfen
4. isotonische Getränke geben

Verbrennung / Verbrühung - *Was tun?*

1. Kühlen (hierbei darauf achten, dass der Verletzte nicht auskühlt bzw. Erfrierungen erleidet)
2. Brandwunden nur mit Brandwundenverbandmaterial abdecken
3. immer daran denken: Schockgefahr

Höhenkrankheit

Erste Symptome hierfür können bereits ab 2000 m beginnen. Ab 3000 m kann es bei mangelnder Akklimatisierung ohne vorherige

Anzeichen zum Höhenlungenödem kommen. Hirnödem und Höhenlungenödem sind akut lebensbedrohlich!

Welche Anzeichen gibt es?

- anfänglich akute Bergkrankheit: Kopfschmerzen, Schlafstörungen und Schwellung der Extremitäten
- Hirnödem: Übelkeit, Gangunsicherheit, Erbrechen, Wahnvorstellungen, Sehstörungen
- Höhenlungenödem: akute Atemnot (auch in Ruhephasen), blaue Lippen, Husten, schaumiger Schleim wird ausgehustet (nachts schlimmer als am Tag)

Was tun?

1. In allen Fällen gilt es, in niedrigere Höhen abzusteigen
2. Wärmeerhalt und Oberkörper erhöht lagern
3. Notruf absetzen

Innere Verletzungen (stumpfe Bauchverletzungen, schwere innere Erkrankungen) - *Welche Anzeichen gibt es?*

Bauch bildet eine sogenannte Abwehrspannung

Was tun?

Verletzten mit angewinkelten Beinen auf den Rücken legen (Schonhaltung entlastet den Bauch) dringend Notruf absetzen

Kälte

Bei Erfrierungen wenn möglich bewegen. Bilden sich Frostbeulen nur noch steril abdecken. Im Falle einer Unterkühlung, wenn möglich eigenständig bewegen Der Körper schläfriger oder bewusstloser

Personen darf nicht zu schnell erwärmt werden, da dies zum Tode führen kann

Welche Anzeichen gibt es?

- Unkontrollierbares Zittern
- langsame oder undeutliche Sprache
- Stolpern beim Gehen
- Müdigkeitsgefühle

Was tun?

1. Person an trockenen, windgeschützten Ort bringen
2. nasse Kleidung durch Trockene ersetzen
3. Kopf, Hände und Füße bedecken
4. Süßes zu essen geben
5. Person wärmen, z.B. durch heiße Steine oder andere Person

Kopfverletzungen - Welche Signale oder Anzeichen gibt es?

- Gehirnerschütterung: Kopfschmerzen, Übelkeit, Erbrechen
- Schädelblutung (Bewusstlosigkeit, 24 Stunden nach einem Unfall)
- Schädelbasisbruch: zähe Blutungen aus Nase und/oder Ohr,
- etwas später das Brillenhämatom

Was tun?

1. Bei einer Schädelverletzung, betroffene Person, wenn sie nicht bewusstlos ist, flach hinlegen, mit leicht erhöhtem Oberkörper.
2. Wird die Person bewusstlos, direkt stabile Seitenlage (Vitalfunktionen prüfen).

Schlaganfall - *Welche Anzeichen gibt es?*

- Sprachstörungen
- Lähmungserscheinungen
- Taubheitsgefühle
- kurze Aussetzer

Was tun?

- Betroffene Person aufrecht hinsetzen
- ggf. gelähmte Extremitäten stützen
- Notruf absetzen: schnelle Hilfe ist entscheidend

Schock

Ein Schock ist eine lebensbedrohliche Störung des Kreislaufs. Es fehlt dem Körper an Flüssigkeit (Blutverlust, Schwitzen, Gefäßweitstellung und andere Ursachen) und er versucht, dies durch Zentralisation auszugleichen.

Welche Anzeichen gibt es?

- Schneller, schwacher Puls, niedriger Blutdruck
- Blasse, kaltschwitzige Haut, Frieren
- Beim allergischen Schock kann der ganze Körper gerötet bzw. geschwollen sein.
- Auch Atemnot kann eine allergische Reaktion sein und ebenfalls zum Schock führen.

Was tun?

1. Betroffenen Flach auf den Rücken legen

2. bei Bewusstlosigkeit stabile Seitenlage
3. Beine hoch lagern
4. Betroffenen zudecken (Wärme halten)
5. beruhigend einwirken, Betroffenen nicht allein lassen

Skelett und seine Verbindungen

Bei allen stumpfen Verletzungen gilt die PECH Regel:

1. Pause
2. Eis
3. Kompression
4. Hochlagern

Hier kann man gut den SAM SPLINT einsetzen: an vielen Stellen einsetzbare Aluminiumschiene, kann Extremitäten individuell angepasst und ggf. auch zerschnitten werden. Ansonsten findest du Material zum Schienen auch in der Natur.

Verstauchung - *Welche Anzeichen gibt es?*

- (Druck-)Schmerzen an der betroffenen Stelle
- Funktionseinschränkung des Gelenks
- Schwellungen
- Blutergüsse

Was tun?

1. Körperteil nicht weiter belasten
2. Eis auf die betroffene Stelle legen
3. Kompression mit einer elastischen Binde
4. Körperteil hoch lagern

Verrenkung - *Welche Anzeichen gibt es?*

- Beeinträchtigung der normalen Gelenkfunktion
- gut sichtbare Verformung des Gelenks (keine Knochenenden sichtbar)

Was tun?

1. Körperteil kühlen (Vorsicht: Erfrierungen möglich)
2. Körperteil ruhig stellen (stabilisieren)
3. typische Schonhaltung der Person unterstützen

Sehnen und Muskeln - *Welche Anzeichen gibt es?*

- Schmerzen bei Belastung und in Ruhe
- evtl. Schwellung oder Bluterguss
- bei Sehnenriss evtl. knallartiges Geräusch

Was tun?

1. betroffenen Körperteil möglichst nicht bewegen
2. mit Eis oder Wasser kühlen (Vorsicht: Erfrierungen möglich)
3. elastischer Druckverband
4. betroffenen Körperteil hoch lagern

Knochenbruch - *Welche Anzeichen gibt es?*

- unnatürliche Lage und Beweglichkeit
- Stufenbildung im Bruchbereich

- sichtbare Knochenenden
- Schmerzen und Schwellung

Was tun?

1. Betroffenen Körperbereich nicht unnötig bewegen.
2. Körperteil kühlen (Vorsicht: Erfrierungen möglich)
3. Körperteil ruhigstellen (Umpolsterung/Schiene oder Lagerung)
4. Bei offenem Bruch Wunde druck- und keimfrei bedecken.

CHECKLISTEN FÜR DIE SCHNELLE HILFE

Checklisten findest du zum Download auf:

www.lets-guide.com

CHECKLISTE 1: REKLAMATION

SIEHE INFO 7

Reklamationsbearbeitung durch den Reiseleiter am Reiseziel.

*Reklamation (Formular) bitte in dreifacher Ausführung anfertigen oder zumindest ein Foto mit dem Handy anfertigen und weiterleiten an:

- den Gast
- den Reiseleiter
- den Reiseveranstalter

Reklamation

Datum und Uhrzeit der Mängelanzeige: ………….............., ... Uhr

Titel der Reise: ....

Zeitraum der Reise: ....

Vorname, Nachname der Reiseleitung: ....

Vorname, Nachname der sich beschwerenden Person(en)
Adresse, Kontakt bitte als Anhang 1 anfügen

Vorname: .... Nachname: ....

Vorname: .... Nachname: ....

Beschwerdegrund (bitte ankreuzen):

Unterkunft	☐	Transport/Beförderung	☐
Verpflegung	☐	Reiseablauf	☐
Reiseleitung	☐	andere Gäste	☐
Sonstiges	☐		

Beschreibung (wertneutral) der Angaben der sich beschwerenden Person
Bitte als Anhang 2 anfügen

Gibt es Zeugen zu benennen? Ja ☐ Nein ☐
Vorname, Nachname, Adresse, Kontakt als Anhang 3 anfügen

Sind weitere Personen betroffen? Ja ☐ Nein ☐
Vorname, Nachname, Adresse, Kontakt als Anhang 4 anfügen

Kurze Darstellung der Reiseleitung zum gesamten Beschwerdeablauf (inklusive durchgeführter und geplanter Gegenmaßnahmen).
Bitte als Anhang 5 anfügen

Ort, Datum	Ort, Datum
................................., ...	................................., ...
....	....
Unterschrift (Gast)	Unterschrift (Reiseleitung)

*Bitte in dreifacher Ausführung: 1xGast / 1xRL / 1xRVA

CHECKLISTE 2: KOMMUNIKATIONSSCHEMA

SIEHE INFO 12

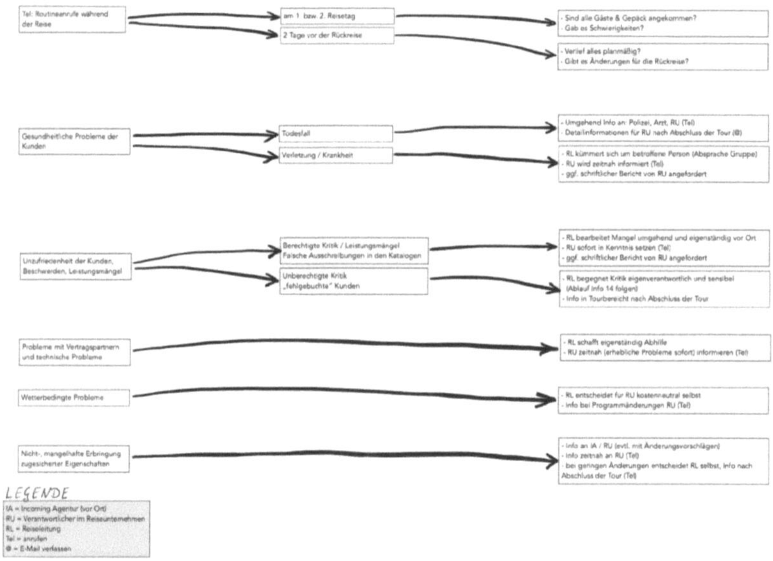

CHECKLISTE 3: ÜBERBLICK ZU EINER TOUR

SIEHE INFO 19

Überblick Tour

Vorab

*i.A.**		*okay*
☐	Reiseunterlagen alle vorhanden	☐
☐	Genügend Geld für die Tour vorhanden (Konto/bar)	☐
☐	Reiseausschreibung/Katalog ist bekannt	☐
☐	Reiseunterlagen vom Reiseveranstalter prüfen	☐
☐	Tourprogramm (zugesicherte Leistungen), unbegründete Abweichungen sind nur bei 100%iger Zustimmung der Teilnehmer möglich	☐
☐	Unterlagen, Equipment und Ausrüstung vorhanden und okay	☐
☐	Reisekasse eröffnet (Geld vorhanden)	☐
☐	Gästekasse „Kunden" eröffnet	☐

Während der Reise

i.A.		*okay*
☐	Kunden in Empfang nehmen	☐
☐	Begrüßungsgespräch und Sicherheits-Briefing	☐
☐	Gruppe leiten, Wissensvermittlung, gemeinsame Zeit	☐
☐	Gruppe verabschieden	☐

Nach einer Reise

i.A.		*okay*
☐	Abrechnung Reise	☐
☐	Honorar-Rechnung an den Reiseveranstalter (oder Agentur vor Ort)	☐
☐	Feedback an den Reiseveranstalter (Was war gut/konstruktive Kritik)	☐

**i.A. = in Arbeit*

CHECKLISTE 4: RÜCKBESTÄTIGUNG & CHECK-IN UNTERKUNFT

SIEHE INFO 19

Rückbestätigung der Unterkunft

1. Name des Reiseveranstalters und der Reisegruppe
2. Dein Name
3. Datum & Uhrzeit der Anreise
4. Datum & Uhrzeit der Abreise
5. Anzahl der Übernachtungen
6. Anzahl der Gäste (inklusive Reiseleiter)
7. Anzahl der Einzel-, Doppel-, Zweibett-Zimmer
8. erste Abendessenszeit und erste Frühstückszeit
9. Anzahl der Vegetarier und Allergiker (Lebensmittelunverträglichkeiten)
10. Frage: Was gibt es am Abend zu essen?
11. Ist dein Ansprechpartner in der Unterkunft bekannt?
12. Kennst du den Weg zur Unterkunft und die Parkplatzsituation vor Ort?
13. Kennst du die Besonderheiten der Unterkunft?

Check-In

1. vor Ankunft im Hotel der Gruppe Check-In-Ablauf erklären

Zunächst allein die Rezeption aufsuchen!

2. Zimmeranzahl und –art abgleichen und Schlüssel in Empfang nehmen
3. ggf. Zuordnung der Gäste zu den Zimmern/Zimmerschlüsseln
4. Erfrage folgende Informationen:
   → Speiseraum und Essenszeiten
   → Aufzug
   → Abrechnungsprocedere (z.B. für Getränke an der Bar)
   → Telefon auf dem Zimmer (kostenpflichtig?)
   → Internetmöglichkeiten (W-LAN)

Zurück bei der Gruppe:

5. Weitergabe der Informationen (4) an Gruppe an geeignetem Ort vor oder im Hotel:
   → Abendessenzeit (idealerweise 1 Std. nach Ankunft)
   → Wo ist der Aufzug?
   → Ist mit unterschiedlicher Zimmerqualität zu rechnen? (ansprechen)
   → für Rücksprachen: Du bist noch 15 min an der Rezeption
   → Sind noch Fragen?
6. erst jetzt: Schlüsselübergabe (Liste und Schlüssel)
7. Warte die versprochenen 15 min an der Rezeption

CHECKLISTE 5: REISEKASSE GESAMT

SIEHE INFO 19

Reisekasse

Name der Reiseleitung: ....

Kontakt für Rückfragen: ....

Reiseland: ....

Name der Tour: .... Tourcode:..................................

Zeitraum der Tour: ....

Währung: ....

Beleg Nr.	Datum	Bemerkungen/Notiz* zur Einnahme	Einzahlung
		ACHTUNG!	
		Bei Barabhebung vom Automat	
		immer Belege drucken lassen	
		ACHTUNG!	
		Bei Barabhebung vom Automat	
		immer Belege drucken lassen	

genutzter Umrechnungskurs (Währung zu EURO)	
	Bitte "x"
historischer Mittelkurs im Zeitraum Durchschnittskurs	☐
aus den Wechselkursen der Abrechnung	☐
Gesamteinnahmen (Landeswährung)	
Gesamteinnahmen (€)	
Gesamtausgaben (Landeswährung)	
Gesamtausgaben (€)	
Differenzbetrag Kasse (€)	

Alle Ausgabebelege sind auf DIN A4 Blätter einseitig aufgeklebt, fortlaufend nummeriert und beigefügt. Jedes DIN A4 Blatt ist mit deinem Namen, dem Reisezeitraum und dem Tournamen versehen.

Datum Unterschrift der Reiseleitung

*Wenn möglich, immer Währungskurs hier mit eintragen

Ausgabenbogen

Abrechnungsbogen (Ausgaben)			Name der Reiseleitung:					
			Name der Tour:					
			Beträge in jeweilige Spalte eintragen Währung:......................					
Beleg Nr	**Datum**	**Ort Bemerkung/ Notiz**	**Trans-port**	**Unter-bringung**	**Eintritte**	**Verpfle-gung**	**Repa-ratur & Ersatz**	**Sonstige***
		Teilsummen						
		Gesamtausgaben						

*Hier bitte in Spalte "Bemerkungen/Notiz" die Art der Ausgabe eintragen

CHECKLISTE 7: BELEGBLÄTTER

VORLAGEN MIT BEISPIELEN – SIEHE INFO 19

Belegblatt Nr. 1 (Beispiel)

Reiseland: Zeitraum der Tour:

Name der Tour:
Tourcode:

V-Markt

Georg Jos. Kaes GmbH Tel.089/4130950
81541 München Balanstrasse 50

		EUR
	*SNICKERS 6ER 300	1.00 E
	*SNICKERS 6ER 300	1.00 E
	*OETK.OFENF PIZZA	1.99 E
	ADELH. MINERALWA	0.46 V
PF	PFAND-NR 900	0.15 V
	ADELH. BIO ORANG	0.73 V
PF	PFAND-NR 900	0.15 V
	S U M M E EUR	5.48
	BAR EUR	5.50
	ZURÜCK EUR	0.02

MwSt%	Netto	MwSt	Brutto
E 7.0	3.73	.26	3.99
V19.0	1.25	.24	1.49

STEUERNR 125/115/80…
16.02.12 18:51 0017 07 5492 88
Bon gilt bis 150.00 Euro als Rechnung
*** Wir danken für Ihren Besuch. ***
Es bediente Sie: HERR TAHIRAJ
Öffnungszeiten
Mo-Sa 7:00-20:00

Aral-Autocenter
Volkmar Kraus
Zschopauer Straße 234
09128 Chemnitz
Tankstellen-Nr.: 0270236128
Tel.: 0371/54468
Fax.: 0371/5905622

Beleg-Nr. 9790/017/00001 28.04.08 13:39
StNr. Station : (214/241/0625
6)
UST-Ident-Nr. Gesellschaft : (DE118616994)

000003 SuperDiesel 54,99 EUR A
*Zp 17 41,07 l 1,339 EUR/l *

Gesamtbetrag 54,99 EUR

Typ	Netto	Mwst	Brutto
A:19,00%	46,21	8,78	54,99

GUTE FAHRT WÜNSCHT IHR
ARAL-TEAM

Eigenbeleg	Netto-Betrag	60,00	EUR
	+ 19 % USt.	11,40	EUR
Nr.: 13	Brutto-Betrag	71,40	EUR

Empfänger
Shell-Tankstelle Musterstadt-Süd

Verwendungszweck
Diesel für DB 190 KM-Stand 139.567

Beleg fehlt, weil ...
verlorengegangen

Ort	Datum	Unterschrift
Musterstadt	5.5.2008	Friedel Freelancer

Bildquelle: http://www.drweb.de/magazin/wp-content/uploads/2008/06/eigenbeleg-einzel.gif: 30.08.2015

CHECKLISTE 8: BEGRÜSSUNGSGESPRÄCH

SIEHE INFO 21

Vorbereitungen:

Ort auswählen, hierbei auf das Ambiente achten:

→ keine direkte Sonne

→ nicht zu kalt, kein Windzug

→ schöne Aussicht, wenn möglich

→ keine Störungen, keine Zuschauer

→ Karte der Region besorgen (Orientierung, Tourenverlauf und Standorte)

Durchführung: (nicht länger als 1 Std.)

→ Herzlich willkommen…

→ Mein Name ist...

→ Zum Einstieg

- 1-2 Besonderheiten des Reiselandes
- kurze Überblicksinfo zum Tourverlauf (welche Leistungen sind inklusive)
- du als Reiseleiter gibst Impulse zur Historie/Land & Leuten (bei weiterem Interesse fragen)
- Mahlzeiten: Was ist inkludiert, was nicht? Wo essen wir wann?
- Wie läuft Selbstverpflegung?

→ Allgemeine Informationen

- landestypische Merkmale der Unterkünfte, z.B. B&B oder Sternekennzeichnung orientiert am dortigen Standard
- unterschiedliche Zimmerqualität möglich (Bitte Info – Versuch, Ausgleich zu finden)
- Wandern: Schuhwerk ansprechen
- WETTER: Kleidung, Sonnenschutz, Rucksackinhalt (Gäste)
- Tagesablauf für nächsten Tag wird immer nach dem Abendessen vorgestellt
- Vorschläge aus der Gruppe werden mit einfacher Mehrheit abgestimmt
- Probleme offenlegen (mündlich oder schriftlich)
- Vorschläge und eigene Beiträge sind willkommen (z.B. Spiele, Landesgeschichte usw.)
- Umgang mit Trinkgeldern (diplomatisch darauf eingehen; eigene Entscheidungsmöglichkeit lassen)

→ Zur einzelnen Person

- Vegetarier, Veganer
- gesundheitliche Probleme (Allergien, chronische Krankheiten…)

→ Vorstellungsrunde

- Fragespiel: Paare bilden, die sich nicht kennen
- Name und persönliche Interessen
- Warum diese Destination? Schon mal hier gewesen?
- Erwartungen?

→ DU-Anrede

CHECKLISTE 9: STADTFÜHRUNG ZU FUSS

SIEHE INFO 23

→ vorausschauend die richtigen Standorte für Erklärungen finden

→ gegen den Stadtlärm ankämpfen: Gruppe in einer Häuserecke positionieren (du bist dort besser zu verstehen, da der Schall so gebündelt und reflektiert wird.)

→ Wenn du mit der Gruppe von einem zum anderen Punkt gehst, dann gibt es unterwegs keine Erklärungen, damit niemand das Gefühl hat, etwas zu verpassen.

→ die Gruppe nicht auf Gehwegen oder engen Straßen „parken", um etwas zu erzählen (versperrt die Wege)

→ Sicherheit: Die Gruppe nie mit dem Rücken zu einer befahrenen Straße positionieren, da die Aufmerksamkeit auf dich und das Objekt, aber nicht auf den Straßenverkehr gerichtet ist.

→ im unübersichtlichen Getümmel der Stadt nach jeder Erklärung den nächsten Haltepunkt benennen (z.B. *„...hinter der nächsten Ampel treffen wir uns am Brunnen auf dem Platz dort drüben"*)

→ vor dem Stadtrundgang idealerweise Karten zur Orientierung ausgeben, auf die deine Gäste ihre abgelaufene Route während des Stadtrundganges selbst eintragen (interaktive Kommunikation)

→ Mache nicht zu viele kleine Pausen, sondern fasse einige Erklärungen an den Haltepunkten zusammen.

→ Wenn du ein Objekt (z.B. ein Gebäude) erklären willst:

- dann achte auf die Stellung der Sonne, die den Gästen nicht ins Gesicht scheinen sollte
- stell die Gruppe nicht zwischen dich (als Erklärender) und das Objekt
- achte auf dominante Nebengeräusche (z.B. anfahrende Autos an einer Kreuzung, Straßenmusiker, langes Glockengeläut)
- stell eine große Gruppe nicht in einer Reihe auf, damit dich alle gut hören können
- positioniere (wenn möglich) eine große Gruppe auf mehrere Ebenen, damit dich alle gut sehen können

Tipp: Nicht pausenlos reden, das nervt und verwirrt. Wenn du eine Stadt sehr gut kennst, dann mach dir auf jeden Fall Notizen – zur Begrenzung der Information.

CHECKLISTE 10: MEINE 7 SACHEN – WANDERTOUR

SIEHE INFO 25

Meine 7 Sachen – Wandertour

Beschreibung	**vorhanden**	**eingepackt**
Wanderstiefel/Wanderschuhe, Gamaschen, ggf. Trekkingstöcke (einstellbar)	☐	☐
Trekkinghose, Funktionsshirt, Trekkinghemd	☐	☐
ggf. warme Fleecejacke (Windstopper)	☐	☐
Funktionsunterwäsche und Wandersocken	☐	☐
Regenjacke & Regenhose	☐	☐
Mütze/Basecap/Bandana/Sonnenhut	☐	☐
Sonnenbrille und Sonnencreme	☐	☐
Tagesrucksack	☐	☐
Stirnlampe bzw. Taschenlampe mit Umhängemöglichkeit	☐	☐
Taschenmesser (möglichst mit feststehender Klinge)	☐	☐
Persönliches: Ausweis, Geldbörse, Krankenversicherungskarte	☐	☐
Wasser, in Trinkflasche/Trinksystem, ggf. Thermoskanne (mit Heißgetränk)	☐	☐
Energielieferant: Traubenzucker/Schokoriegel o.Ä.	☐	☐
Handy	☐	☐
Beschreibung „Equipment für den Wander-Guide“	**vorhanden**	**eingepackt**
Erste-Hilfe-Set, Streichhölzer, Feuerzeug, Warnweste	☐	☐
Handy	☐	☐
Kerze (zum imprägnieren; evtl. Löcher abdichten; Wärme erzeugen; Druckstellen in Schuhen bearbeiten)	☐	☐
Plastikbeutel für Utensilien im Rucksack (Geldbörse) bei Regen	☐	☐
Müllsäcke (120 l): Regenschutz für den Rucksack innen; Ersatzregenhose/-jacke, Bodenisolierung für Picknick, Unterschlupf bauen	☐	☐
Müllsäcke (60 l) in Schuhe	☐	☐
1,5m Kupferdraht: leicht biegbar, Stabilisierung, Verbindung schaffen	☐	☐
Rolle Strick / Angelsehne	☐	☐
Seil, etwa 3 Meter lang	☐	☐
Panzertape (Löcher abdichten, Verbindung u. Stabilisierung)	☐	☐
Nähzeug und Sicherheitsnadel, kleine Schere	☐	☐
Kompass und (Multifunktions)uhr, ggf. GPS-Gerät	☐	☐
Wanderkarten (möglichst in wasserdichter Hülle)	☐	☐
Schreibzeug und Papier	☐	☐

CHECKLISTE 11: MEINE 7 SACHEN – FAHRRADTOUR

SIEHE INFO 26

Meine 7 Sachen – Fahrradtour

Beschreibung	**vorhanden**	**eingepackt**
Turn- oder Halbschuhe (schnelltrocknend und atmungsaktiv)	☐	☐
Radlerhose (möglichst mit Einsatz)	☐	☐
Radlershirt (eng anliegend)	☐	☐
ggf. warme Fleecejacke	☐	☐
Regenhose und ggf. Gamaschen	☐	☐
Funktionsjacke	☐	☐
ggf. Fahrrad-Handschuhe	☐	☐
Fahrradhelm und ggf. Mütze/Basecap/Bandana	☐	☐
Halstuch (Kälte- und Sonnenschutz)	☐	☐
Fahrradbrille **UND** Sonnenbrille, Sonnencreme	☐	☐
Tagesrucksack oder Fahrradtasche	☐	☐
Kompass und (Multifunktions)uhr, ggf. GPS-Gerät	☐	☐
Taschenmesser (möglichst mit feststehender Klinge)	☐	☐
Kartenmaterial, möglichst in wasserdichter Hülle	☐	☐
Persönliches: Ausweis, Geldbörse, Krankenversicherungskarte	☐	☐
Wasser, in Trinkflasche/Trinksystem, ggf. Thermoskanne (mit Heißgetränk)	☐	☐
Energielieferant: Traubenzucker/Schokoriegel o.Ä.	☐	☐
Erste-Hilfe-Set, Warnweste	☐	☐
Fahrradlampen, Luftpumpe, Flickzeug	☐	☐
Handy	☐	☐

Extra Tipps!

- ➔ keine Shorts/Jeanshosen – Nähte drücken nach längerer Fahrt
- ➔ Radlerhose mit Einsatz ohne Unterhose tragen
- ➔ Oberteil/T-Shirt nicht in Hose stecken – Insekten können sich verfangen
- ➔ Basecap gegen Sonne, Regen, Schweiß (der sonst in die Augen läuft)
- ➔ keine Wanderschuhe zum Radfahren anziehen; Einschränkung in der Bewegungsfreiheit des Fußes kann zu Problemen mit der Achillessehne führen
- ➔ Alternative zur Regenhose = eng anliegende Laufhose und Gamaschen
- ➔ bei nassen Schuhen am Morgen: Plastikbeutel über Socken streifen und dann in die Schuhe – hält superwarm, Schuhe trocknen während der Fahrt im Fahrtwind

CHECKLISTE 12: MEINE 7 SACHEN – KANUTOUR

12A = 7 SACHEN… / 12B = EQUIPMENT – SIEHE INFO 27

Meine 7 Sachen und Equipment – Kanutour

Beschreibung „Meine 7 Sachen" (Kanu)	**vorhanden**	**eingepackt**
alte Turnschuhe oder Outdoor-Sandalen mit Neoprensocken (Kälteschutz)	☐	☐
Schlafsack & ISO-Matte (wenn Übernachtung)	☐	☐
Badehose/Badeanzug oder Funktionsunterwäsche (schnelltrocknend)	☐	☐
Funktionsshirt (Schwimmweste schützt und wärmt)	☐	☐
ggf. Nierenschutz	☐	☐
Wechselkleidung (in wasserdichter Tonne)	☐	☐
warme Fleecejacke (in wasserdichter Tonne)	☐	☐
Regenjacke (in wasserdichter Tonne)	☐	☐
Mütze/Basecap/Bandana	☐	☐
Sonnenbrille und Sonnencreme (Tipp: besonders Armunterseiten und Achseln eincremen!)	☐	☐
Mückenschutz	☐	☐
Kompass und (Multifunktions)uhr, ggf. GPS-Gerät	☐	☐
Stirnlampe bzw. Taschenlampe mit Umhängemöglichkeit	☐	☐
Taschenmesser (möglichst mit feststehender Klinge)	☐	☐
Kartenmaterial, in wasserdichter Hülle	☐	☐
Persönliches: Ausweis, Geldbörse, Krankenversicherungskarte etc.	☐	☐
Wasser, in Trinkflasche/Trinksystem, ggf. Thermoskanne (mit Heißgetränk)	☐	☐
Energielieferant: Traubenzucker/Schokoriegel o.Ä.	☐	☐
Erste-Hilfe-Set	☐	☐
Handy	☐	☐

Equipment – Kanutour

Beschreibung „Equipment" (Kanu)	nur Gepäcktour	vorhanden	eingepackt
Kanus (je nach TN-Zahl), Absperrseile und Schlüssel		☐	☐
Kanuhänger und Hängerschloss		☐	☐
Paddel, mehrere Größen (TN-Zahl + 2 Ersatz)		☐	☐
Schwimmwesten (je nach TN-Zahl)		☐	☐
Tonnen (1 gr. & 1 kl. je TN)	x	☐	☐
Große Schwämme		☐	☐
2 Küchentonnen, Gewürztonne	x	☐	☐
Verpflegungstonnen & Lebensmittel, Getränke	x	☐	☐
Wasserbehälter (je nach TN-Zahl)	x	☐	☐
Admin-Tonne: Kartenmaterial, Begleitermappe, Geld (Währungen?), TN-Liste, Tapeband		☐	☐
Wurfseil		☐	☐
Tampen (2 je Boot + 4 Ersatz)	x	☐	☐
Zeltausrüstung: Zelte, Stangen, Heringe, Schnüre, Zeltunterlagen, Reparaturhülsen, Ersatzheringe	x	☐	☐
Kocher (Brennflüssigkeit) / Kochausrüstung	x	☐	☐
Grillrost/Grillkohle/Anzünder/Feuerzeug	x	☐	☐
Axt, Säge, Spaten, Hammer	x	☐	☐
Küchenequipment: Teller, Schalen, Tassen, Besteck, scharfe Messer, Sparschäler, Dosenöffner, Kellen, Pfannenheber, Brett	x	☐	☐
Lappen, Schwämme, Geschirrtücher, Spülmittel	x	☐	☐
Müllsäcke, Plastiktüten, Alufolie, Frischhaltebeutel und -folie	x	☐	☐
Kanuwagen (je Route)		☐	☐

Tipp: Einwegkamera kaufen, die wasserdicht ist. Bilder sind gut und du gefährdest nicht deine teure Digitalkamera. Außerdem lassen sich schöne Bilder direkt über der Wasserkante (oder auch unter Wasser) machen.

CHECKLISTE 13: KANUEINWEISUNG

HIER GEHT ES UM KANADIER, EINSEITIGES PADDELN – SIEHE INFO 27

Mit der Beantwortung dieser Fragen, kannst du recht leicht und vollständig eine Kanueinführung durchführen. Die Antworten auf die Fragen sind bewusst weggelassen. Wenn du sie nicht selbständig geben kannst, dann solltest du auch keine Kanutour führen. Also, der kleine Test kann beginnen. Viel Spaß beim Paddeln.

Testfrage: Wo ist das vordere Ende des Kanus? – (50% Trefferquote)

- Wie groß sollte das Paddel sein? – hier Paddel austeilen
- Wie sitzt die Schwimmweste richtig? – hier Schwimmwesten austeilen

2er und 3er Kanu:

- Welche Aufgabe hat der Vordermann?
- Welche Aufgabe hat der Mittelmann im 3er Kanu?
- Welche Aufgabe hat der Hintermann (Steuermann)?

- Wer hat welche Aufgabe in Sachen Kommunikation?
- Welche Paddelschläge gibt es und welchen Zweck erfüllen diese?
- Wie lässt sich ein Kanu ausbalancieren?
- Finger weg von der Bootskante! Warum?

Sicherheit auf dem Wasser

- Paddelstütze – was ist das?
- Wie geht man mit Wasserwellen um?
- Warum muss die Gruppe zusammenbleiben?
- Welche Gefahren lauern unter Wasser?
- Was tun alle, wenn ein Kanu kentert?
- Welche Befehle und Aussagen gilt es zu beachten?
- Wie belädt man ein Kanu und sichert die Ladung?
- Wo bringe ich warum ein Seil am Kanu an?
- Wie steigt man in ein Kanu ein und aus?
- Nun folgen ein paar Kanuspiele...

CHECKLISTE 14A & 14B: FAHRZEUGÜBERNAHME

SIEHE INFO 29

Fahrzeugübernahme (Teil a)

Fokus: Geländewagen, mehrtägige Touren in abgelegenen Regionen

RU = Reiseunternehmen / Kfz = Kraftfahrzeug

übernommen von: ……………………………   Datum der Übergabe: ……………………

übergeben an: ....

Folgende Punkte durchführen bzw. prüfen	ok	nicht ok	Bemerkungen
Prüfungen Papiere und Funktion des Kfz			
Fahrgenehmigung für alle Länder auf der Reise vorhanden (vom Autovermieter vermerkt?)			
Versicherungen abgeschlossen (ggf. Rücksprache mit RU)			
Höhe Selbstbehalt Versicherung eintragen:			
Kreditkarte dient ausschließlich der Sicherung (Zahlung bei Rückgabe):			
Fahrzeugpapiere vollständig			
Fahrgestellnummer stimmt (Kfz und Papiere)			
Fahrzeugfunktionen wurden erklärt			
Prüfungen bei Stand des Kfz			
Blechschäden und Kratzer (bitte eintragen)			
Stoßdämpfer prüfen (Fahrzeug "anheben", fallen lassen, möglichst wenig nachwippen)			
Radlagerspiel (Räder Geradeausstellung, mit zwei Händen am Rad wackeln)			
Reifendruck			
Reifenprofil: abgefahren, (einseitig oder beulig abgefahren = Probleme mit Spur/Stoßdämpfer) Achtung: Wenn abgefahren, dann Kosten Vermieter (schriftlich bestätigen lassen)			
Radmuttern fest			
Klimaanlage funktioniert			
Handbremse funktioniert			
Tachostand eintragen:			
Tank ist:	☐ voll	☐ nicht voll	
geeignetes Werkzeug vorhanden (inkl. Starthilfekabel, Reifenspray)			
Abschleppseil/-stange			
Feuerlöscher			
Ersatzrad, Radmutterschlüssel, Wagenheber			

Fahrzeugübernahme (Teil b)

Folgende Punkte durchführen bzw. prüfen	**ok**	**nicht ok**	**Bemerkungen**
Funktion der Blinkleuchten (Warnblinkanlage)			
Funktion der Bremsleuchten			
Funktion Licht			
Sichtprüfung: Dichtheit von unten (feuchte Stellen, Öl)			
Blattfedern gebrochen? (bei Geländewagen)			
Hauptfederbolzen, Stoßdämpferbolzen mit Muttern gesichert (alle Bolzen an den Blattfedern)			
Kardangelenke auf Spiel prüfen			
Keilriemen fest (1 cm Spiel), nicht beschädigt Ersatzkeilriemen Ja ☐ Nein ☐			
Sichtprüfung Schläuche (Risse)			
Ölstand: Prüfung letzter Ölwechsel <7.000km? Öl-Geruchsprobe am Kontrollstopfen: ranziger Geruch = evtl. Getriebeschaden			
Öl oder Kühlwasser milchig hell = Motorschaden (Fahrzeug dann nicht akzeptieren!)			
Bremsflüssigkeitsstand (wenn niedrig, auch Bremsen prüfen, könnten abgefahren sein)			
Bremsflüssigkeit außen am Behälter (Bremse defekt)			
Kühlflüssigkeit voll Batteriepole und -halterung fest			
Prüfungen bei Fahrt des Kfz			
Bremse: Kfz zieht nicht nach links/rechts Prüfung: geradeaus fahren, Lenkrad kurz loslassen - bremsen			
Lenkspiel prüfen: Kurze Lenkbewegungen; reagieren Räder direkt?			
vertragliche Vereinbarungen (bitte ankreuzen)			
Dachgepäckträger ▫			
Sitzbänke ausbauen ▫			
Wassertank ▫			
Benzinkanister ▫			

____________________ ____________________

Unterschriften beider Personen/Institutionen:

CHECKLISTE 15 REGELN, FAHRZEUGPFLEGE, FAHRZEUGRÜCKGABE

SIEHE INFO 29

Fokus: Geländewagen, mehrtägige Touren in abgelegenen Regionen

RU = Reiseunternehmen

Grundregeln

→ Hast du das Fahrzeug geliehen, dann möglichst selbst fahren (Gäste fahren ein Fahrzeug nur bei Alternativlosigkeit in Notfällen)

→ Kannst du nicht mehr selbst fahren (Krankheit, Unfall), Name des Ersatzfahrers telefonisch an den Autovermieter melden (Vorfall RU melden)

→ Das Auto niemals an Dritte ausleihen

→ Wenn vorhanden, dann Fahrtenbuch korrekt führen

→ Alle Wartungen ins Fahrtenbuch eintragen (Ölwechsel etc.)

→ Kfz-Mängel unverzüglich beheben (Transportsicherheit und Bestimmungen der Vermietfirma beachten)

Fahrzeugpflege und tanken:

Kfz tankt Diesel JA / NEIN

Kfz tankt Benzin JA / NEIN

→ Rechtzeitig tanken (Tank immer möglichst voll haben)

→ In entlegenen Gebieten immer Ersatzbenzin (Kanister) mitführen

→ Fahrzeug regelmäßig/täglich von innen reinigen (ausfegen) und von außen, Scheiben reinigen

→ Auf kleine Problemchen des Fahrzeugs im Innenbereich achten und beheben: Zugluft, Klimaanlage, wackelnde Lehnen

regelmäßig prüfen

→ Kühlflüssigkeit (Ersatz mitführen)

→ Ölstand alle 1.000 – 1.500km

→ Waschwasserkontrolle

→ Nach jeder Fahrt durch staubiges Gelände Luftfilter ausklopfen und Gebläse durchblasen.

→ Benzin- Dieselfilter kontrollieren und frühzeitig wechseln!

Service und Öl bei Geländewagen

→ Ölwechsel alle 7.000km (bei Leih-Kfz zahlt dies der Vermieter)

→ Alle 5.000 - 7.000 km Service-Intervall (Werkstatt aufsuchen).

→ Abschmieren der Gelenke und Achsen: Alle 5.000 – 10.000km

Rückgabe bzw. Weitergabe an andere Reiseleiter

1. Reinigung von außen in Selbstwaschanlage
2. Aussaugen des Innenraumes
3. starke Verschmutzung Teppiche: Schaumreiniger verwenden
4. Staubwischen auf Ablagen etc.

5. Türbereiche von Hand nachreinigen
6. alle Flüssigkeitsstände prüfen (Scheibenwaschanlage, Kühl- und Bremsflüssigkeit, Ölstand)
7. Fahrtenbuch vollständig ausgefüllt
8. Leih-Kfz, die an die Vermietfirmen zurückgehen: Reinigung und Füllstandskontrollen entfallen

CHECKLISTE 16: ARZT RUFEN

SIEHE INFO 33

Wann sollte man einen Arzt rufen bzw. aufsuchen?

→ starke Blutung

→ Bluthusten

→ blaue Lippen, Nägel oder Fingerspitzen

→ Bewusstlosigkeit

→ schweres Erbrechen oder Durchfall, länger als einen Tag

→ Teerstuhl, blutiges oder schleimiges Erbrechen

→ starke Bauchschmerzen bei absolut fehlendem Stuhlgang

→ steifer Hals, steifes Kinn, gebogener Rücken

→ hohes, unsenkbares Fieber über 4-5 Tage hinweg

→ Blut im Urin

→ sich trotz Behandlung vergrößernde Wunden

→ länger als drei Tage lang anhaltende Schmerzen

→ Person kann tagelang nicht urinieren

→ Person möchte tagelang nicht trinken

→ Person fällt beim Aufstehen vor Schwäche in Ohnmacht

Welche Informationen sind für den Arzt wichtig (Patientenreport)?

→ Name der kranken Person

→ Alter

→ Geschlecht

→ Hauptbeschwerden und seit wann sie auftreten

→ Auftreten von Fieber (wie lange und in welcher Höhe)

→ auftretende Schmerzen

→ Auffälligkeiten von Haut, Ohren, Augen, Hals und Rachen, Atmung und ggf. Genitalien, Urin/Stuhl

→ Anzeichen einer lebensgefährlichen Erkrankung (siehe oben „Wann sollte man einen Arzt aufsuchen")

→ Medikamenteneinnahme der Person

→ Auftreten von allergischen Reaktionen nach der Einnahme von Medikamenten in der Vergangenheit

→ Schwere des Krankheitszustands der Person

CHECKLISTE 17: ERSTE-HILFE-SET

SIEHE INFO 33

Erste-Hilfe-Set

- für eine zweiwöchige Tour für 4 bis 5 Personen
- etwa die Größe einer Brotdose Gewicht ca. 700 Gramm

Inhalt:

Anzahl	Beschreibung	vorhanden	Verfallsdatum
1 Päckchen	Alkoholtupfer	☐	
1	anatomische Pinzette	☐	
1	ggf. Biwaksack	☐	
1 Päckchen	Blasenpflaster	☐	
1	Brandwunden-Verbandtuch	☐	
3	Dreieckstuch aus Baumwolle	☐	
1	elastischer Stützverband	☐	
1 Päckchen	Klebeflies	☐	
7	Kompresse	☐	
1	Kühlpäckchen	☐	
3 Paar	Latex-Handschuhe	☐	
1	Rettungsdecke	☐	
1	Sam Splint (www.sammedical.com)	☐	
3	große Verbandspäckchen	☐	
1	Verbandsschere	☐	
1 Päckchen	Wundpflaster	☐	
1	Zeckenzange	☐	

INFOS AUS BÜCHERN

Fachliteratur für Outdoor und Reiseleitung

Höh, R.: **Outdoor-Praxis. Alles zum Leben und Überleben in der Wildnis zu jeder Jahreszeit.** Neu bearbeitete und komplett aktualisierte Auflage, *Bielefeld 2009*.

Kirstges, T./Schröder, Ch./Born, V.: **Destination Reiseleitung. Leitfaden für Reiseleiter – aus der Praxis für die Praxis.** *München 2001*.

Mair, R./Nairz, P.: **Lawine. Die 10 entscheidenden Gefahrenmuster erkennen.** Praxis-Handbuch. *Innsbruck 2010*.

Schmeer-Sturm, M.-L.: **Reiseleitung und Gästeführung. Professionelle Organisation und Führung.** *München 2012*.

Fachliteratur Tourismus und Allgemeines

Freyer, W.: **Tourismus-Marketing. Marktorientiertes Management im Mikro- und Makrobereich der Tourismuswirtschaft.** 2., unwesentl. veränderte Auflage, *München 1999*.

Goleman, D.: **Emotionale Intelligenz.** *New York 1997.*

Mundt, J.W.: **Reiseveranstaltung – Lehr- und Handbuch.** 7., völlig überarbeitete und ergänzte Auflage, *München 2011.*

Opaschowski, H.: **Tourismus – Eine systematische Einführung.** Analysen und Prognosen. 3., aktualisierte und erweiterte Auflage, *Opladen 2002.* Harter, S.: Autenthicity. In C.R.Snyder, & S.J.Lopez, Handbook of positive psychology, Oxford 2002 (S. 382 bis 394).

Fachliteratur Outdoor-Erste-Hilfe

Lasogga, F./Gasch, B.: **Psychische Erste Hilfe bei Unfällen. Kompensation eines Defizits.** 4., überarbeitete Auflage, *Edewecht 2006.*

Oster, P.: **Erste Hilfe Outdoor. Fit für Notfälle in freier Natur.** 2., überarb. Auflage, *Augsburg 2008.*

Werner, D.: **Wo es keinen Arzt gibt. Medizinisches Handbuch zur Hilfe und Selbsthilfe.** 12., neu bearbeitete und komplett aktualisierte Auflage, *Bielefeld 2012.*

Wirth, A.: **Erste Hilfe unterwegs – effektiv und praxisnah. Der komplette Ratgeber für die Erste Hilfe zu Hause, im Urlaub und auf Expeditionen.** *Bielefeld 2007.*

PLATZ FÜR DEINE NOTIZEN

ÜBER DEN AUTOR

Dirk Brueckner (Jahrgang 1973) begann bereits vor 15 Jahren, während seines Studiums, Reisen in Irland zu leiten. Später entwickelte er Reiseleiterschulungskonzepte, die er in Unternehmensschulungen erfolgreich umsetzt. Als freier Dozent unterrichtete er über mehrere Jahre an Tourismushochschulen in Deutschland und Finnland. Seit 2015 hat Dirk mit seinem Konzept "Dancing Spaces" die innere und äußere Ordnung der Dinge im Fokus. Viele Erfahrungen aus seinen Reiseleitungen fließen dort mit ein. In Let's Guide verbindet Dirk sein Wissen aus Theorie und Praxis mit dem Wunsch, mehr Gelassenheit und Achtsamkeit in das touristische Geschehen zu bringen.

DIRK SCHREIBT WEITER: EIN ERSTER ROMAN

Destination
Ego

Von einer außergewöhnlichen Reise in eine unbekannt-vertraute Welt

Tom ist Mitte 30 und hasst Yoga. Sein spirituelles Interesse breitet sich in analytisch–intellektuellen Gesprächen aus. Ein Freund argumentiert ihn daher in einen Workshop hinein, bei dem es um Gefühle geht. Dort lernt er Manú kennen, die ihn mit ihrer offenherzigen, witzigen Art herausfordert, sich emotional und intellektuell zu zeigen. Gibt es so etwas wie spirituelle Energie? Und, wenn ja, ist das auch Strom?

Im besonderen Maße beschäftigt sie die Frage: Ist das Ego ein Etwas, das mein ganzes Drama alleine inszeniert? Diese Frage fordert von Tom, eine weitreichende Entscheidung zu treffen. Doch was hat Manú damit zu tun?

Tom's Welt scheint still zu stehen, als er dem Unmöglichen begegnet. Was sind das für Wesen, so fremd–vertraut, die es gar nicht geben kann? Und doch begegnen sie ihnen auf ihrer Reise.

Bald schon häufen sich die Zeichen, dass etwas nicht stimmt. Was ist da los und warum kann nur Tom die Dinge gerade rücken?

Bist du neugierig auf mehr?

www.theinneruniverse.com